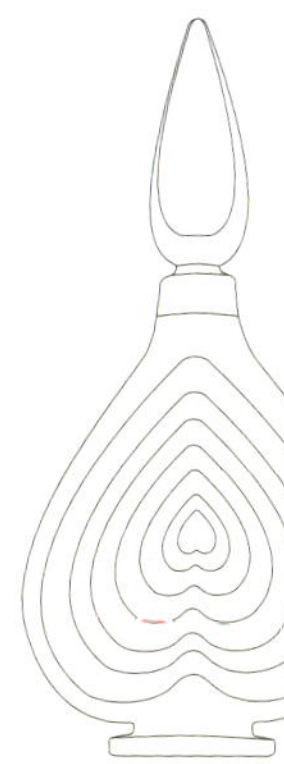

LAVENDEL, ZIMT UND ROSENHOLZ

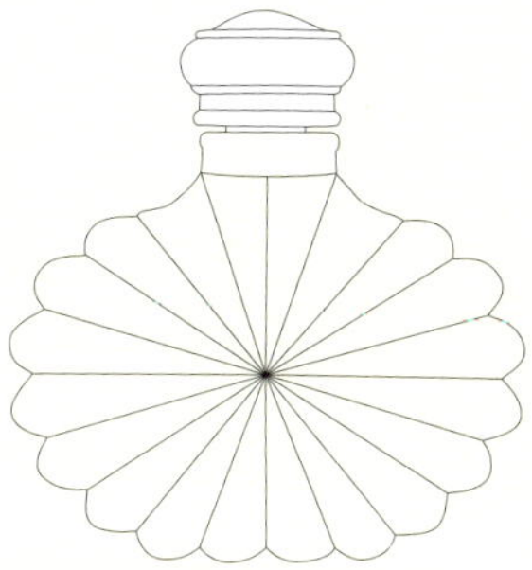

Janina Drostel

Lavendel, Zimt und Rosenholz

Die Welt der sinnlichen Düfte

THORBECKE

AUTORIN UND VERLAG DANKEN HERRN DR. EBERHARD ZWINK, DEM LEITER DER ABTEILUNG ALTE UND WERTVOLLE DRUCKE DER WÜRTTEMBERGISCHEN LANDESBIBLIOTHEK STUTTGART, FÜR SEINE FACHKUNDIGE UNTERSTÜTZUNG.

BIBLIOGRAFISCHE INFORMATION DER DEUTSCHEN BIBLIOTHEK
DIE DEUTSCHE BIBLIOTHEK VERZEICHNET DIESE PUBLIKATION IN DER DEUTSCHEN NATIONALBIBLIOGRAFIE; DETAILLIERTE BIBLIOGRAFISCHE DATEN SIND IM INTERNET ÜBER HTTP://DNB.DDB.DE ABRUFBAR.

DIESES BUCH IST AUS ALTERUNGSBESTÄNDIGEM PAPIER NACH DIN-ISO 9706 HERGESTELLT.
GESTALTUNG: FINKEN & BUMILLER, STUTTGART
GESAMTHERSTELLUNG: JAN THORBECKE VERLAG, OSTFILDERN
PRINTED IN GERMANY
ISBN-10: 3-7995-3522-5
ISBN-13: 978-3-7995-3522-9

Inhalt

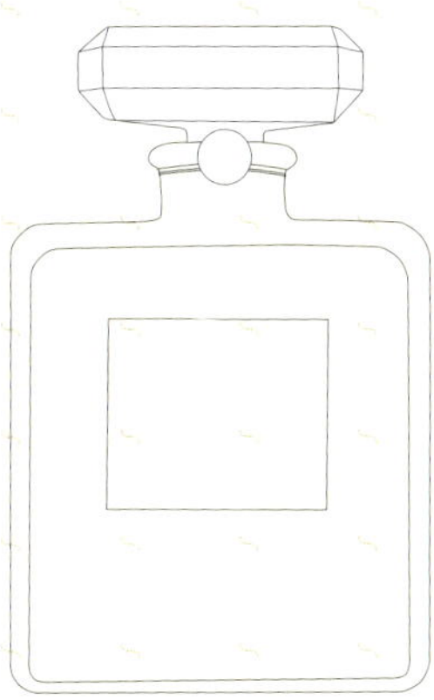

Über das Wesen der Düfte – ein Vorwort

Düfte sind flüchtig – gerade erst erschienen, sind sie nach kurzer Zeit schon Vergangenheit und leben allenfalls in unserer trügerischen Erinnerung fort. Sie sind nicht greifbar, können nur unzureichend beschrieben werden und werden unterschiedlich wahrgenommen. Kurz: Sie sind die unbestimmteste unserer Sinneswahrnehmungen.

Dennoch sind sie allgegenwärtig und bestimmen unser Leben unbewusst mit. Sie schaffen eine angenehme Atmosphäre in einem Raum, beinflussen unsere Gefühle und Erinnerungen, denn wer hat es nicht schon einmal erlebt, dass ein Duft plötzlich die Erinnerung an ein bestimmtes Erlebnis oder eine bestimmte Person vor dem geistigen Auge wiederauferstehen lässt? Sie entspannen oder beleben uns, versetzen uns in träumerische Stimmung oder fördern die Konzentration. Das Bewusstsein, angenehm zu riechen, verleiht uns Selbstsicherheit, und Menschen, die wir „riechen können", sind uns sympathisch.

Seit Jahrtausenden schon sind Düfte aus dem Leben der Menschen nicht wegzudenken. Als Räuchermittel zu Ehren der Götter, als Luxus auf Festen, als Heilmittel oder als Parfüm spielten und spielen Düfte eine wichtige Rolle. Die Geschichte der Duftstoffe ist vielfältig und wechselhaft. Sie waren Anlass für Expeditionen in fremde Gegenden, boten Stoff für Legenden, und die besonders teuren unter ihnen wurden sogar in Gold aufgewogen. Ganze Abhandlungen wurden über sie geschrieben, und bestimmte Entdeckungen, wie die Wasserdestillation, verdanken wir dem Wusch, die Duftstoffe – die ätherischen Öle – von ihren Trägern – meist Pflanzen – zu trennen.

Zahlreiche Gedichte und Geschichten ranken sich um Düfte, Sonette wurden ihnen gewidmet. Allein die Erwähnung von Zimt, Weihrauch oder Myrrhe lässt uns von exotischen Ländern träumen. Vor unserem geistigen Auge erscheint dann die Faszination des Orients und des Fernen Ostens, sie erinnern an bunte Blütenpracht, leuchtende Farben und bezaubernde Schönheiten.

All diese vielfältigen Aspekte versucht dieses Buch einzufangen. Es will erzählen vom Zauber der Düfte, von ihrer Geschichte und ihrer Verwendung in verschiedenen Ländern und Kulturen. Verfahren zur Herstellung von Duftstoffen werden ebenso vorgestellt wie die Funktionsweise des Geruchssinns, die Aromatherapie ebenso wie die Geheimnisse der Parfümeure. Der Leser findet hier alles rund um Düfte und Duftstoffe – Rezepte zur Herstellung eigener Parfüms und Kosmetika, Historisches und Zeitgenössisches, Bilder, Legenden und Gedichte.

Soviel wir auch über Düfte lesen oder schreiben können, eines allerdings werden sie immer bleiben: unbegreiflich und vergänglich. Doch macht das nicht letzten Endes ihren ganz besonderen Zauber aus?

DER DUFT

Wer bist du, Unbegreiflicher: du Geist,
wie weißt du mich von wo und wann zu finden,
der du das Innere (wie Erblinden)
so innig machst, dass es sich schließt und kreist.

Der Liebende, der eine an sich reißt,
hat sie nicht nah; nur du allein bist Nähe.
Wen hast du nicht durchtränkt als ob du jähe
die Farbe seiner Augen seist.

Ach, wer Musik in einem Spiegel sähe,
der sähe dich und wüsste, wie du heißt.

RAINER MARIA RILKE (1875–1927)

::: Rosen erfreuen uns mit ihrem Anblick und mit ihrem herrlichen Duft.

Eine Reise auf den Spuren der Düfte

::: Die wild wachsende Rosa rugosa stammt aus dem Fernen Osten und gehört zu den ältesten Rosensorten.

Seit Tausenden von Jahren nutzt der Mensch die Wirkung von Düften für sich und seine Umwelt – eine Gemeinsamkeit, die sich durch alle Zeiten und Kulturen hinweg beobachten lässt. Aber es gibt auch viele Unterschiede im Gebrauch von Duftstoffen.

Zunächst bestimmt natürlich das Angebot die Verwendung von Aromen, das heißt, nur die bekannten und erhältlichen Stoffe können verwendet werden. Duftstoffe, die vor Ort angebaut werden können, wurden (und werden) meist bevorzugt. In Indien und China beispielsweise waren dies Sandelholz, Kampfer und Jasmin, im Nahen Osten und bei den Römern schätzte man besonders die Rose, und in Europa hatten Lavendel, Rosmarin und Veilchen große Bedeutung. Im Zeitalter der Globalisierung ist es kaum mehr vorstellbar, dass früher nicht alle Gewürze und Duftstoffe immer zugänglich waren. In Europa beispielsweise wurden viele Aromastoffe erst im Mittelalter oder später gebräuchlich, als die besser ausgebauten Handelswege die Einfuhr von Duftstoffen aus dem Nahen oder Fernen Osten ermöglichten. Viele dieser Stoffe, wie zum Beispiel Zimt, mussten sehr teuer bezahlt werden und galten daher als Luxusartikel, die nur die Reichen genießen konnten. Diese taten das dann allerdings um so ausgiebiger. Viele der damaligen Gerichte würden uns heute stark überwürzt erscheinen. Ähnliches gilt auch für den Gebrauch duftender Essenzen. Die Herstellung von Rosenessenz etwa ist wegen der geringen Ausbeute und des hohen Arbeitsaufwands sehr teuer. Die Kreuzfahrer lernten den Duft der Rose bei ihren islamischen Gegnern kennen und schätzen. Dort soll Rosenwasser durch die Gärten der Paläste geflossen sein und bestimmt noch heute neben Orangenblütenwasser den Geschmack von Süßspeisen und Backwaren. Sie brachten den Brauch, sich damit zu beduften, mit in ihre Heimat. Auch dies konnten sich nur die Reichen leisten. Berühmt ist ebenfalls die Narde, eine Pflanze aus der Baldriananfamilie. Zur Zeit der Römer importierte man sie aus dem Fernen Osten, weshalb sie ungeheuer kostspielig war. Maria Magdalena salbte Jesu Füße mit Nardenöl. In der heutigen westlichen Parfümindustrie besitzt die Narde keine große Bedeutung, auf den Märkten des Fernen Ostens allerdings kann man sie nach wie vor erwerben, teilweise wie vor Jahrtausenden in Alabasterkrügen.

Die Vorlieben für bestimmte Düfte wurden an nachfolgende Generationen weitergegeben, so dass sich unabhängig von Moden bestimmte Konstanten in den Kulturkreisen feststellen lassen. Bedeutsam ist aber auch der persönliche Geschmack, der uns dazu bringt, manche Düfte zu schätzen und andere nicht. Hier mag eine Rolle spielen, dass wir bestimmte Düfte mit positiven Erinnerungen verknüpfen und andere mit negativen.

Neben dem Angebot an Duftstoffen sowie den kulturellen und persönlichen Vorlieben spielen jedoch auch biologische und anthropologische Faktoren eine Rolle. So besitzen Asiaten im Gegensatz zu Europäern kaum *apokrine Drüsen*, also Drüsen, die Körpergeruch erzeugen, und mussten schlechte Körpergerüche daher nicht mit Duftstoffen überdecken. Es war und ist dort wichtiger, die Umgebung angenehm riechen zu lassen, zum Beispiel durch Räuchermittel, duftende Hölzer und frische Blüten.

Darüber hinaus badete man in Asien regelmäßig und pflegte sich danach mit duftenden Ölen und Pomaden. In Europa dagegen war Baden spätestens seit dem Ende des Mittelalters verpönt, da man Wasser für den Überträger ansteckender Krankheiten hielt. Die dadurch entstehenden schlechten Körpergerüche überdeckte man mit großen Mengen schwerer Parfüms.

In Europa entwickelte sich daher eine ganz andere Parfümkultur als in Asien. Seit dem späten Mittelalter gewannen duftende Körperwässer zunehmend an Bedeutung. Waren es zunächst noch einfache Kompositionen mit ein oder zwei ätherischen Ölen, so wurden Parfüms im Laufe der Jahrhunderte immer komplexer, bis sich in der modernen Parfümindustrie eine unendliche Vielfalt an Kombinationen künstlicher und natürlicher Duftstoffe ergab.

Während also in Europa und Amerika Duftkultur vorwiegend darin besteht, sich selbst mit Parfüm, Deodorant, Seife oder Duschgel zu beduften, gibt es in Asien noch immer eine Duftkultur, die sich auf die Umgebung bezieht – auch wenn westliche Gewohnheiten zunehmend Einzug halten.

Duftende Gärten mit Seerosenteichen, Brücken und Pagoden waren daher in Asien wichtige Erholungsorte. Ein altes chinesisches Sprichwort sagt: *Willst du für eine Stunde glücklich sein, so betrinke dich. Willst du für drei Tage glücklich sein, so heirate. Willst du für acht Tage glücklich sein, so schlachte ein Schwein und gib ein Festessen. Willst du aber ein Leben lang glücklich sein, so schaffe dir einen Garten.*

Auch Tempel spielen in Asien als duftende Orte eine Rolle. Denkt man an japanische Tempel, so steigt einem fast automatisch Weihrauchduft in die Nase. Noch immer spielt das Abbrennen von Räuchermitteln eine Rolle im japanischen Shintoismus. Neben Weihrauch wird vor allem Agarholz, auf Japanisch *jinko* genannt, in den Schreinen verbrannt. Die Dienste der *Geishas*, der hochgebildeten japanischen Unterhaltungskünstlerinnen, die zu Unrecht mit Prostituierten gleichgesetzt werden und noch heute bei Feierlichkeiten auftreten, wurden nach der Dauer ihres Auftritts bezahlt. Diese wiederum maß man an der Anzahl der Räucherstäbchen, die zwischenzeitlich abgebrannt waren. Noch heute heißt ihr Lohn daher übersetzt „Räucherstäbchengebühr".

Indien steht aus der Sicht des Europäers für leuchtende Farben, bunte Blumen und eine große Vielfalt an Gewürzen und Duftstoffen. Sandelholz ist dort Teil vieler religiöser Riten – von der Geburt über die Hochzeit bis hin zum Tod, wo der Verstorbene auf Sandelholz verbrannt wird, damit der Duft seine Seele ins Jenseits geleiten kann. Aus Sandelholzpaste besteht auch der Punkt zwischen den Augen, der die innere Sicht symbolisiert. Eine indische Besonderheit ist Kuskusgras oder *Vetiver*. Aus seinen Wurzeln lässt sich ein erdiger, belebender Geruch gewinnen, der kühlend wirkt und an frisches Heu erinnert. Man wob die Wurzeln daher zu Fächern und Matten, die – im Luftzug aufgehängt – eine frische, kühle Brise abgaben.

Auch frische Blüten – Jasmin und Lotus vorwiegend – finden dort Verwendung. Bei einer traditionellen Hochzeit beispielsweise werden Braut und Bräutigam mit Blumen bekränzt. Jasminblüten gibt man in China dem Tee bei; ihr feines, blumiges Aroma überträgt sich auf das Getränk. Und aus den Blütenblättern der in China und Japan besonders verehrten Chrysanthemen stellt man Tee her. In Japan hat die Blume als Symbol des Kaiserhauses sogar den Rang einer Nationalblume.

Wie der Name Apfelsine noch heute verrät – „Apfel aus Sina (= China)" –, stammt die Orange ursprünglich aus China. Darüber hinaus gibt es dort noch rund 500 weitere Zitrus-

::: Die Blüten der Orange und der Pomeranze verströmen einen wunderbaren Wohlgeruch.

N. 700
c
e
a
d

a
c
d
b

pflanzen, deren Duft neben dem von Dufthölzern und -harzen bedeutsam ist. Besonders beliebt ist eine Zitronensorte namens „Buddhas Hand“, die so heißt, weil die Frucht die Form von Fingern aufweist. Mit dem Öl der Bergamotte, ebenfalls eine Zitruspflanze, wird der Earl-Grey-Tee aromatisiert. Es macht ihn haltbar und schützt vor modrigen Gerüchen.
So unterschiedlich ihre Verwendung weltweit auch sein mag, die Freude an als angenehm empfundenen Düften ist wohl allen Menschen gemein und in vielen Gedichten und Liedern besungen worden. Der Versuch, die Vergänglichkeit der Düfte aufzuheben, sie zu konservieren und immer greifbar zu machen, indem sie von ihrer vergänglichen pflanzlichen Hülle getrennt werden, ist dem Menschen gänzlich eigen.

Then were not summers distillation left,
A liquid prisoner pent in walls of glass,
Beauty's effect with beauty were bereft,
Nor it, nor no remembrance what it was:

But flowers distill'd, though they with winter meet,
Leese but their show; their substance still lives sweet.

Und blieb nicht Sommers Filterung zurück
Als flüss'ger Gefangener hinter glasenen Mauern
Wär mit der Schönheit Schönheitsfrucht dahin,
nicht selbst, noch im Gedächtnis fortzudauern:

Gefilterte Blumen doch, von Winters Macht getroffen,
verlieren nichts als ihr Kleid, doch ihre Essenz bleibt.

William Shakespeare (1564–1616)
Sonett V

::: LINKS: In Asien schätzt man besonders den Duft der Zitronensorte »Buddhas Hand«, deren Frucht wie eine Hand mit vielen Fingern geformt ist.
::: RECHTS: Die Ernte von Weihrauch und Myrrhe.

Die Geschichte der Düfte

Unser heutiger Begriff „Parfüm" stammt vom lateinischen *per fumum*, „durch den Rauch". Darin spiegelt sich noch immer der frühere Gebrauch von Duftstoffen, denn ursprünglich wurden diese eingesetzt, um das Wohlwollen der Götter durch ihren Wohlgeruch zu gewinnen: Mit aromatischen Substanzen füllte man die Tieropfer vor dem Verbrennen, um den Gestank des brennenden Fleisches zu überdecken; mit Weihrauch beduftete man die Tempel und Häuser.
So kann die Verwendung von Duftstoffen durch den Menschen bereits auf eine jahrtausendealte Geschichte zurückblicken, in deren Verlauf sich Art und Form der Düfte sowie ihr Gebrauch vielfach gewandelt haben. Zentrale Bedeutung aber besitzen sie noch heute.

Mesopotamien – die Wiege der Düfte

Zwischen Euphrat und Tigris, im so genannten Zweistromland, siedelten die Hochkulturen der Babylonier, Sumerer und Assyrer. Hier begann vor rund 4000 Jahren die Geschichte des Parfüms. Bedeutendstes Handelszentrum war die Stadt Babylon, wo man Räuchermittel wie Myrrhe, Kalmus und Zypressenholz erwerben konnte.
Die genannten Kulturen verwendeten Weihrauch und duftende Wässer als Opfer für die Götter und zur Reinigung der Tempel. Das „Gilgamesch-Epos", eine der ältesten überlieferten Dichtungen der Menschheit, dokumentiert diese Verwendung von Duftstoffen:

Sieben und abermals sieben Räuchergefäße stellte ich hin, in ihre Schalen schüttete ich Süßrohr, Zedernholz, Myrte. Die Götter rochen den Duft, die Götter rochen den wohlgefälligen Duft, die Götter scharten sich wie Fliegen um den Opferer.

Man verbrannte Weihrauch auch für die Toten, da man glaubte, dass sie von dieser Nahrung leben. Für den Bau der Tempel nahm man besonders gern wohlriechende Hölzer, wie etwa Zedern, die aus dem Libanon eingeführt wurden. Auch für Palastgebäude nutzte man den aromatischen Geruch von Zedernholz. König Sanherib (705–681 vor Christus) bei-

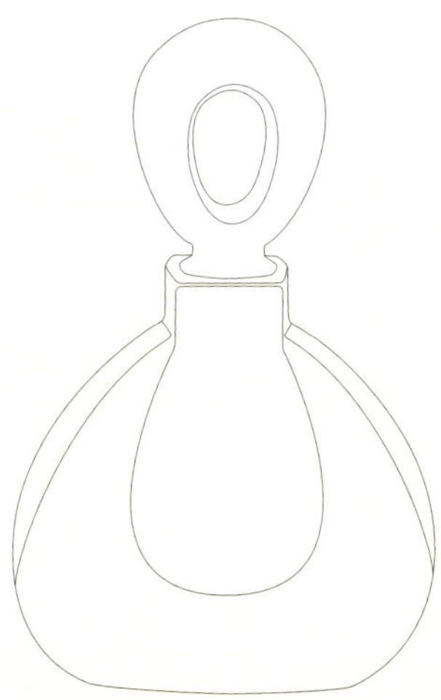

::: Der Safrankrokus. Safran schätzte man früher nicht nur als Gewürz, sondern auch als Duftstoff.
::: NÄCHSTE DOPPELSEITE LINKS: Kalmus ist ein jahrtausendealtes Räuchermittel, das einen würzigen Geruch verbreitet.
::: NÄCHSTE DOPPELSEITE RECHTS: Das wohlriechende Zedernholz aus dem Libanon nutzte man gern zum Bau von Tempeln.

2
3
2
1
1

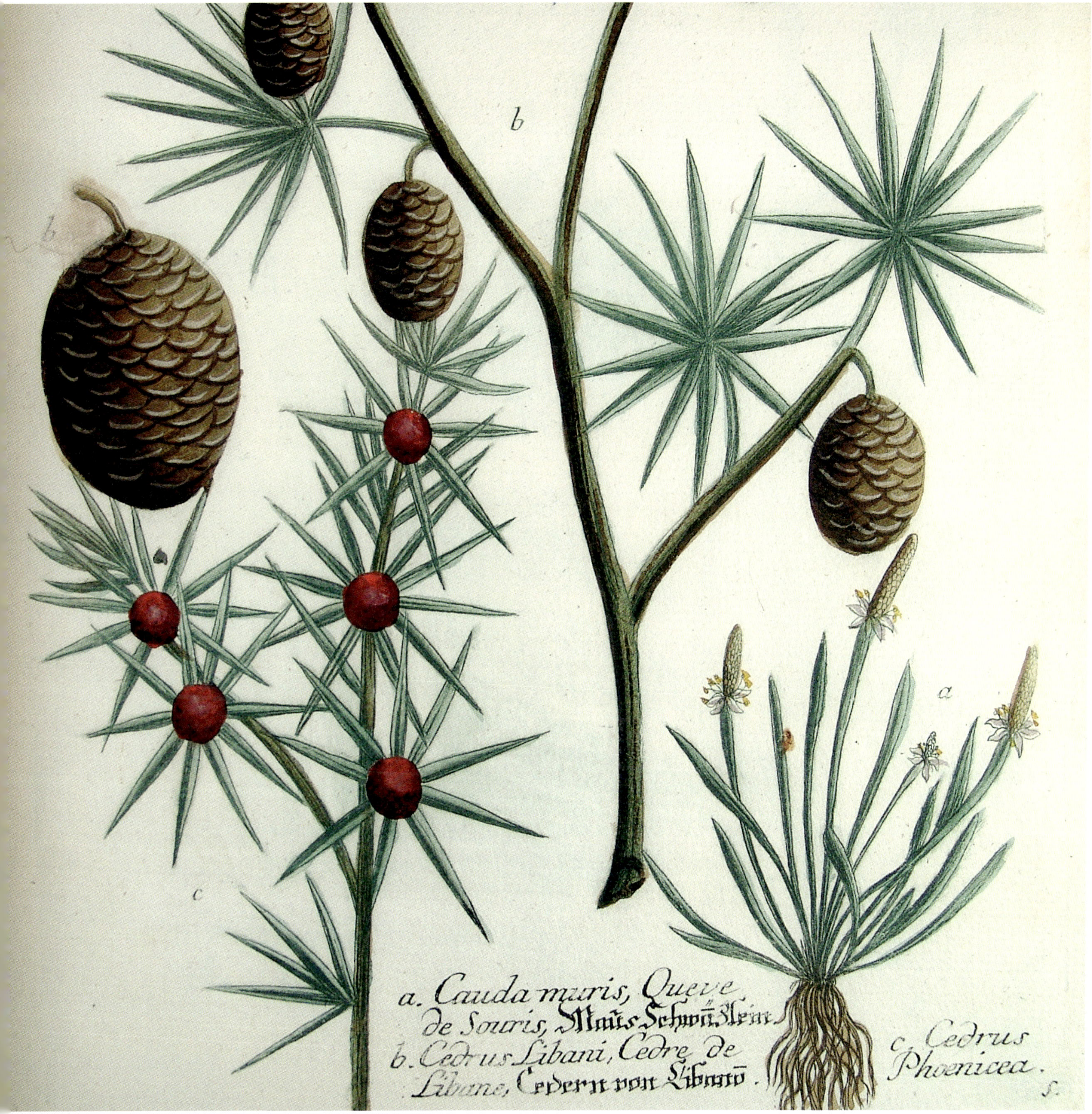

a. Cauda muris, Queve de Souris, Maüs Schwänzlein.
b. Cedrus Libani, Cedre de Libane, Cedern von Libanō.
c. Cedrus Phoenicea.

s.

spielsweise ließ die Tore seines Palastes daraus herstellen, damit diese beim Öffnen und Schließen einen angenehmen Duft verströmen.
Berühmt sind außerdem die hängenden Gärten im Palast des Nebukadnezar II. (604–562 vor Christus), die als eines der Sieben Weltwunder galten: Für seine Frau Amytes, die sich nach den Duftpflanzen und Blumen ihrer Heimat Medien sehnte, ließ der König wohl diese Terrassen-Gärten anlegen.
Hoch angesehen war der vor allem von Frauen ausgeübte Beruf des Salbenmachens. Die gewonnenen Salböle dienten der Beduftung von Haut und Haaren sowie zum Schutz vor der Sonne und waren vor allem den Reichen und Herrschenden vorbehalten. Auch zur Konservierung der Toten verwendete man diese Salben.
In Mesopotamien kannte man bereits die Methoden der auch heute gelegentlich noch verwendeten *Enfleurage* und *Mazeration* mit Hilfe von kaltem und warmem Fett. Auch eine einfache Form der Wasserdampfdestillation könnte zur Gewinnung der ätherischen Öle aus Pflanzen Verwendung gefunden haben, falls man die Keilschrifttafeln aus dem 12. und 13. vorchristlichen Jahrhundert richtig deutet. Zweifelsfrei beschrieben wurde das Verfahren jedoch erst von alexandrinischen Alchemisten in der Zeit der Spätantike.

Ägypten – Düfte für Lebende und Tote

In Ägypten existierte um 3000 vor Christus bereits eine Duftkultur. In den Gräbern der Könige fanden sich viele Gefäße mit den Resten ehemals duftender Salben und Öle, deren Zusammensetzung sich heute noch feststellen lässt. Sie sollten den Verstorbenen die Reise in die Welt der Toten erleichtern und ihnen das „Leben“ dort angenehm machen. Duftstoffe wie Myrrhe, Kassia und Eichenmoos wurden auch bei der Einbalsamierung verwendet.
Mit Duft versehene Kosmetika spielten im alltäglichen Leben eine große Rolle: Sie sollten bösen Zauber abwehren, dienten aber auch dem Schutz vor der Sonne – Mascara für die Augen und Körperlotionen für die Haut. Besonders beliebt waren der Duft von Lilien, Myrrhe und Minze. Durch Enfleurage hergestellte Salbkegel stellten sich vor allem Priester am Morgen auf den Kopf. Im Laufe des Tages schmolzen diese dann in der Hitze, salbten den Körper und verströmten ihren Wohlgeruch.
Die Ägypter wuschen und badeten sich bis zu dreimal täglich. Ihr Badewasser war in der Regel mit duftenden Stoffen versehen. Duft hatte im Leben der Ägypter eine derartig große Bedeutung, dass das Hieroglyphenzeichen der Nase gleichzeitig für „Duft“ und „Freude“ steht – ein eindeutiges Zeichen für das Vergnügen dieser frühen Hochkultur an Wohlgerüchen.
Da in Ägypten selbst nur wenige aromatische Pflanzen wuchsen, importierte man die meisten Duftstoffe, zum Beispiel aus Indien, teilweise über das Handelszentrum Babylon. Königin Hatschepsut, die von etwa 1479 bis 1458 vor Christus regierte, ließ Myrrhe- und Weihrauchbäume aus dem sagenumwobenen Land Punt am Roten Meer holen und verankerte den Gebrauch von Weihrauch damit in der ägyptischen Kultur. Diese Expedition wurde immerhin als so wichtig erachtet, dass man sie in den Reliefs ihres Tempels bei Theben für die Nachwelt festhielt.
Große Mengen an Weihrauch verbrannte man in den Gottesdiensten zu Ehren der Götter. Jeden Morgen salbten die Priester außerdem die Statuen der Götter und Göttinnen mit einer Salbe aus Myrrhe, um diese aufzuwecken und für einen neuen Tag zu stärken. Man nannte diese Zeremonie „Öffnen der Augen und des Mundes“.
Kleopatra (69–30 vor Christus), die letzte Königin des ägyptischen Ptolemäerreichs, war für ihren großzügigen Umgang mit Kosmetika und Duftstoffen bekannt. Das Schiff, auf dem sie ihren Geliebten, den römischen Feldherrn Marcus Antonius, empfing, soll sogar parfümierte Segel besessen haben – ein extrem kostspieliger Luxus, den sich nur eine Königin leisten konnte.

KYPHI – EINE DER ÄLTESTEN RÄUCHERMISCHUNGEN

Kyphi wird schon um 1550 vor Christus im ägyptischen „Papyrus Ebers“, einer der ältesten Abhandlungen über Heilmittel, erwähnt. Es gibt unterschiedliche Mischungen, die

::: Die Ägypter schätzten den Geruch von Kassia.

N.340.
a
b

N. 651.
a
b

meisten enthalten jedoch Kardamom, Narde, Myrrhe, Rosinen, Zimt, Weihrauch, Sandelholz, Wein und Honig. Kyphi konnte man in Wasser aufgelöst als Arznei zu sich nehmen oder als Räucherwerk zu Ehren der Götter verbrennen. Beim Abbrennen ergibt sich ein warmer, balsamischer Duft, den die Ägypter schätzten. Die Vielzahl der erlesenen Zutaten und der verhältnismäßig große Aufwand der Herstellung machen Kyphi noch heute zu etwas Besonderem.

Israel – Biblische Wohlgerüche

Während ihrer Gefangenschaft in Ägypten lernten die Hebräer die dortige Verwendung von Duftstoffen kennen. Moses erhielt beim Auszug aus Ägypten den Auftrag, einen Räucheraltar aus Akazienholz zu bauen und zur Ehre Gottes anzuzünden. Auch der Tempel Salomos war mit den duftenden Hölzern der Libanonzeder gebaut. Das Alte Testament nennt ein Rezept zur Herstellung des heiligen Salböls:

Und der Herr redete mit Mose und sprach: Nimm dir die beste Spezerei: die edelste Myrrhe, fünfhundert Lot, und Zimt, die Hälfte davon, zweihundertundfünfzig, und Kalmus, auch zweihundertundfünfzig Lot, und Kassia, fünfhundert nach dem Gewicht des Heiligtums, und eine Kanne Olivenöl. Und mache daraus ein heiliges Salböl nach der Kunst des Salbenbereiters.
(2. Mose 30, 22–25)

Die Verwendung von Räucherwerk und Salben sollte jedoch ausschließlich religiösen Zwecken vorbehalten sein und nicht zur Sinnenfreude verwendet werden. Da jedoch für die vom Gesetz vorgeschriebenen Reinigungsriten für Frauen Duftstoffe wie Myrrheöl verwendet wurden, ergaben sich daraus durchaus Möglichkeiten für Frauen, den Wohlgeruch duftender Stoffe zu nutzen. Diese Verwendung dokumentiert beispielsweise das Buch Judit, das von der Befreiung des Volkes Israel von der Belagerung durch Holofernes berichtet. Judits Verführung mit Hilfe von Duft und Schönheit endet mit der Enthauptung des Belagerers:

Sie legte das Bußgewand ab und zog ihre Witwenkleider aus, wusch sich und salbte sich mit kostbarem Balsam, flocht ihr Haar und setzte sich einen Kopfputz auf, zog ihre schönen Kleider an und tat Schuhe an ihre Füße, schmückte sich mit Armbändern und Spangen, Ohrringen und Fingerringen und legte all ihren Schmuck an.
(Judit 10, 3–4)

Und im biblischen Hohelied wird der Dialog zwischen Liebenden – als Allegorie der Beziehung zwischen Gott und der Seele – von einer sinnlichen Fülle verschiedenster Düfte begleitet:

Du bist gewachsen wie ein Lustgarten von Granatäpfeln, mit edlen Früchten, Zyperblumen mit Narden, Narde und Safran, Kalmus und Zimt, mit allerlei Weihrauchsträuchern, Myrrhe und Aloe, mit allen feinen Gewürzen. Ein Gartenbrunnen bist du, ein Born lebendigen Wassers, das vom Libanon fließt. Steh auf, Nordwind, und komm, Südwind, und wehe durch meinen Garten, dass der Duft seiner Gewürze ströme.
(Hoheslied 4, 13–16)

::: LINKS: Den Duft der Lilie liebten die Ägypter und Griechen besonders.
::: RECHTS: Die Aloe wird schon im »Hohen Lied« lobend erwähnt.

Griechenland – Duft als Wissenschaft

Für die Griechen waren Düfte göttlichen Ursprungs. Sie wurden anfangs vorwiegend im religiösen Kult verwendet. Der profane Gebrauch von Duftölen blieb zunächst verpönt – gehörte er doch zum Lebensstil der Perser, der Feinde der Griechen und Gegner in zahlreichen Kriegen. Dennoch importierte man schon im 7. Jahrhundert vor Christus Duftstoffe für den privaten Gebrauch, vor allem Iris, Rose, Anis und Lilie. Die Ursprünge der Verwendung dieser Duftstoffe reichen jedoch noch weiter zurück: Schon in Kreta kannte man die Rose, wie ein Fresko aus dem berühmten Palast von Knossos, datiert auf 1719 vor Christus, belegt. Kretas Athleten salbten sich mit Duftölen, bevor sie als Teil eines religiösen Rituals über die Hörner des heiligen Stieres sprangen.

Wichtig war den Griechen vor allem ihre Badekultur. Diese ist schon in der um 700 vor Christus entstandenen „Odyssee" dokumentiert: Telemach, der Sohn des Odysseus, erhält am Hofe des Nestor die Auszeichnung, von dessen Tochter persönlich im Badehaus betreut und eingesalbt zu werden. In der „Ilias" entspannen sich Odysseus und sein Gefährte Diomedes nach einem nächtlichen Kampf in warmem, beduftetem Wasser.

Vor allem nach dem Sieg Alexanders des Großen gegen den Perserkönig Dareios 333 vor Christus fand eine Öffnung Griechenlands für persische Bräuche und Kultur statt, und die Verwendung von Duftstoffen für den privaten und den sakralen Bereich nahm deutlich zu. Im Auftrag Alexanders brach sein Stellvertreter Anaxikrates nach Arabien auf, um die Herkunft des Weihrauchs zu klären. Seinem früheren Mitschüler, dem Philosophen und Naturforscher Theophrast, soll Alexander Samen und Stecklinge von persischen Duftpflanzen haben zuschicken lassen. Es entstand der wohl früheste botanische Garten.

Theophrast verfasste auch die erste uns bekannte wissenschaftliche Abhandlung über Düfte („Über Gerüche"). Darin untersucht er bereits den Geruchs- und Geschmackssinn und die Heilwirkung bestimmter Duftstoffe. Ihm verdanken wir auch viele unserer Kenntnisse über die in Griechenland verwendeten heimischen und importierten Duftstoffe und die Methoden der griechischen Parfümeure. An seiner Akademie soll er sogar eine eigene Vorlesung über den Geruch gehalten haben.

Da griechische Ehefrauen meist auf das Haus beschränkt blieben, waren die Kunden der Parfümeure vorwiegend Männer und die gebildeten Kurtisanen, die so genannten *Hetären*. Nur zu den orgiastischen Feiern im Dionysos-Kult, bei denen Frauen meist unter sich blieben, schwelgten sie in Düften und schminkten sich auffallend. Der Besuch beim Friseur und beim Parfümeur war aber vorwiegend eine Männerangelegenheit.

In Athen gehörten duftende Stoffe zu einem Gastmahl, das alle Sinne erfreuen sollte. Dazu bekränzte man die Gäste mit Blumen, und bei besonderen Gelegenheiten sollen sogar Tauben um die Gäste geflattert sein, deren Flügel man mit rosafarbenen Blütenwässern benetzt hatte.

::: Gefäß zur Aufbewahrung von aromatischen Ölen in Form eines Kopfes (3. Jahrhundert vor Christus).

Rom – die Zeit der duftenden Superlative

Die Römer ahmten das Vorbild Griechenlands nach und übertrafen es mit ihrem verschwenderischen Umgang mit Duftstoffen noch. Dies liegt unter anderem an der heilenden Wirkung, die viele Duftstoffe in den Augen der Römer besaßen. Ihre Dufthändler betrachteten sie daher gleichzeitig als Ärzte und Apotheker. Zur Zeit Caesars gab es in Capua eine ganze Straße, in der ausschließlich Duft- und Salbenhändler ansässig waren.

Vor allem drei Duftträger benutzten die Römer: feste Salben (*Hedsysmata*), flüssige Salben (*Stymata*) und Duftpulver (*Diapasmata*). Man badete buchstäblich in Parfüm, das von Sklavinnen, die man *cosmetae* nannte, zubereitet wurde – daher stammt auch unser heutiges Wort „Kosmetik".

Die römischen Kaiser überboten sich gegenseitig an Prachtentfaltung und im großzügigen Umgang mit Duftstoffen. So soll bei einem Festmahl Kaiser Neros sogar ein Gast unter den dort von der Decke regnenden Rosenblättern erstickt sein. Im Circus Maximus wurden die Zuschauer von einem Regen duftender Essenzen verwöhnt, und im alltäglichen Leben wohlhabender Römer gehörte die Beduftung von Kleidern, Betten, Fußböden und Wänden dazu. Dem aus Rom verbannten Politiker Lucius Plotius wurde seine Leidenschaft für Wohlgerüche sogar zum Verhängnis: Der starke Duft seiner Salben verriet sein Versteck und führte letztlich zu seiner Hinrichtung.

Düfte machten auch vor Feldherren und Soldaten keinen Halt. Der römische Kaiser Otho (32–69 nach Christus) hat angeblich auf seinen Feldzügen eine große Menge an Duftstoffen und Kosmetika mitgeführt, um auch bei dieser Gelegenheit möglichst vorteilhaft zu wirken. Und Caesar soll der Kritik an der übermäßigen Parfümierung seiner Legionäre mit der Aussage begegnet sein: *Meine Soldaten siegen, auch wenn sie parfümiert sind!*

Beliebt waren besonders die blumigen Düfte von Iris und Narzisse, aber auch die würzigeren von Safran, Kalmus und Eichenmoos. Keiner aber reichte in den Augen der Römer an den der Rose heran, der zu Ehren ein eigenes Fest geschaffen wurde und mit der man bei Feierlichkeiten Straßen bestreute und Häuser schmückte.

Der enorme Verbrauch an Duftstoffen führte zu einem Ausbau der Handelswege, unter anderem nach China, Indien und Arabien, da man den großen Bedarf nicht selbst decken und viele Duftstoffe auch im Römischen Reich nicht anbauen konnte. Um die Parfüms angemessen aufbewahren zu können, vervollkommnete man die Kunst der Glasherstellung.

Erst unter dem Einfluss der frühen Christen reduzierte sich der Verbrauch an Duftstoffen. Man betrachtete Parfüm nun als ein Zeichen der verpönten Frivolität. Gleichzeitig verschwanden frische, duftende Blumen aus den Gottesdiensten, da man diese mit der Verehrung der heidnischen Götter verband. Waren duftende Salben und Parfüms zuvor noch häufig als Grabbeigaben verwendet worden, so ging diese Praxis nun ganz zurück. Düfte und Duftstoffe traten immer mehr in den Hintergrund, was sich in Europa erst durch die Kreuzzüge des Mittelalters wieder änderte.

Der Orient – die Rosen der Alchemisten

Während die Parfümherstellung durch den Niedergang des römischen Imperiums und die Abneigung des Christentums gegenüber weltlicher Prachtentfaltung in der westlichen Welt mehr und mehr in Vergessenheit geriet, lebten diese Traditionen in der arabischen Welt fort. Die römische Badekultur wurde übernommen, und die Schriften römischer Naturwissenschaftler zur Parfümherstellung ins Arabische übersetzt.

Auch arabische Forscher beschäftigten sich mit Düften. Der Gelehrte Yakub-al-Kindi (803–870) beschreibt die Destillation, zum Beispiel von Moschus, und die Herstellung von Rosenwasser in seinem „Buch der Parfümherstellung und der Destillation". Arabische Alchemisten verbesserten das Verfahren der Destillation und entdeckten die Methode des Filtrierens. Im 8. Jahrhundert erfanden sie die uns heute bekannte Form der Seife.

Dem Gebrauch von Duftstoffen in Alltag und Gottesdienst stand man aufgeschlossen gegenüber. Über Mohammed wird berichtet, er habe Frauen, Kinder und Parfüm ganz besonders geschätzt. Beim Bau von Moscheen wurde Moschus in den Mörtel gemischt, damit diese Gott und die Gläubigen mit

N. 607.
c

ihrem Wohlgeruch erfreuten. Der Gelehrte Ibn Qutayba (828–889) schreibt über Parfüm:

Das beste Parfüm für Männer ist das, welches seinen Duft zeigt und seine Farbe verbirgt, und das beste für Frauen ist jenes, das seine Farbe zeigt und seinen Duft verbirgt.

Die wichtigste Blume war wie bei den Römern die Rose. Gäste besprengte man zur Begrüßung mit Rosenwasser, das man auch zur Heilung von Darmkrankheiten verwendete. Es soll auch einen Sultan gegeben haben, der die Blume so sehr liebte, dass er seinem Volk ihren Anbau verbot. Ihr zu Ehren soll er stets die Farbe Rosa getragen und seine Teppiche mit Rosenwasser besprengen lassen haben. Noch heute verwendet man es im Nahen Osten zum Verfeinern von Süßspeisen. Die Kreuzfahrer brachten die Angewohnheit ihrer kulturell vielfach überlegenen Gegner, Handschuhe mit Rosenöl zu beduften, mit nach Europa.

⁝⁝ LINKS: Griechen und Römer schätzten den Duft der Iris sehr.
⁝⁝ UNTEN: Im Orient vervollkommnete man im Mittelalter die Kunst der Flakonherstellung.
⁝⁝ RECHTS: Der Duft der Rose war bei den Arabern besonders beliebt.

Viele Gedichte der arabischen Kultur sind der „Blume der Blumen“, der Rose, gewidmet. Der persische Dichter Mohammed Schemsed-din Hafiz (1320–1390) beispielsweise schreibt:

Die Braut der Rose kehrt zum Fest
Des Rosenbeetes zurücke,
Wo ist die Nachtigall, dass sie
Erhebe die Gesänge!

Rosenöl erzeugte man vorwiegend in der Stadt *al-Munazzah* in Syrien. Der Name bedeutet „das Unvergleichliche“ – ein Name, den die Stadt unter anderem wegen der Vielzahl ihrer Blüten und Wohlgerüche erhielt. Auf den sich ständig verbessernden Handelswegen wurden aus China und Indien Duftstoffe und Gewürze bis in den Mittelmeerraum importiert.

Über die Herkunft dieser Stoffe wachte man eifersüchtig, um das eigene Handelsmonopol nicht zu gefährden. So erfand man Legenden darüber, wie gefährlich es sei, bestimmte Gewürze zu erhalten, die man erst wilden Tieren oder Monstern entreißen müsse. Auf diese Weise wollte man verhindern, dass andere sich auf die Suche nach ihrer Herkunft machten.

KHOL UND WEINGEIST

Araberinnen liebten Parfüm und Kosmetika. *Khol*, von arabisch *al-kuhl*, gehört zu den bekanntesten. Das Wort bezeichnete eine Augenschminke aus dem Antimonmineral Stibnit, das man zu Puder zermahlte. Später stand der Name *al-kuhl* für alle feinen Substanzen und schließlich für das Feine und Essentielle an sich. Im 16. Jahrhundert übertrug man den Begriff auf den durch Destillation gewonnenen Weingeist und nannte ihn *alcool vini*, „Essenz des Weines". Daher stammt unser Wort „Alkohol". Alkohol ist einer der wichtigsten Stoffe in der Parfümherstellung.

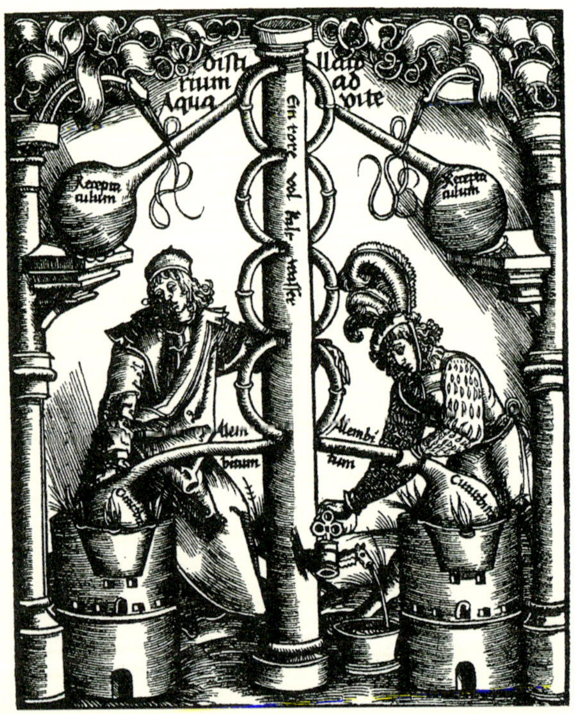

Der Ferne Osten – Heimat vieler Düfte

Seit jeher ist der Ferne Osten eine Gegend, in der besonders viele aromatische Pflanzen und deren Duftstoffe – Sandelholz, Patchouli, Jasmin, Lotus, Zimt und andere – ihre Heimat haben. Davon machte man in Indien wohl bereits um 2000 vor Christus, zur Blütezeit der altindischen Hochkultur, Gebrauch, indem man sich nach dem Waschen oder Baden mit duftenden Ölen oder Pudern einrieb. Schon um 3000 vor Christus kannten die Inder das Verfahren der Destillation – eine Methode, die erst wieder rund 4000 Jahre später von den Arabern in ähnlicher Perfektion angewandt wurde.
Nach dem „Kama Sutra" aus der Zeit um 400 nach Christus sollte ein Angehöriger einer hohen Kaste folgendermaßen den Tag beginnen:

Er muß am Morgen früh aufstehen, seine natürlichen Bedürfnisse befriedigen, seine Zähne putzen, seinen Körper mit ein wenig Duftcreme einschmieren, Duftrauch einatmen, eine Blume anstecken, die Lippen mit ein wenig Wachs und rotem Saft beleben, sein Gesicht im Spiegel anschauen, Betel mit desodirierenden Mitteln kauen und dann an seine Arbeit gehen.

Auch die indischen Frauen nutzten die Wirkung von Düften, wie aus den folgenden Zeilen der „Ritusanhara" hervorgeht:

Mit ihren weichen, in schöne Stoffe gehüllten Hüften, ihren mit Sandelholz parfümierten Brüsten, bedeckt mit Edelsteinen und Halsbändern, das Haar vom Bad duftend, wecken schöne Frauen in ihren Liebhabern brennendes Begehren.

Den angenehm warmen Duft des Sandelholzes nutzte man auch für den Bau der Tempel und zusammen mit anderen Gewurzen und Duftstoffen bei der Verbrennung der Toten. Die wohlriechenden Kostbarkeiten – Zimt, Kardamom, Benzoeharz, Patchouli, Sandelholz, Jasmin und andere – konnte man beim Parfümhändler, dem *gandhika*, erwerben. Dieser gewann das Jasminöl durch eine Art Enfleurage, wobei er an Stelle des im Westen üblichen kalten oder warmen Tierfettes geschälte, warme Sesamsamen verwendete, die den Duft der Blüten aufnehmen. Aus ihnen wurde anschließend ein nach

⁝⁝⁝ LINKS: Die Kunst der Destillation wurde stetig verbessert.
⁝⁝⁝ RECHTS: Das als Gewürz und Duftstoff verwendete Kardamom.

Jasmin duftendes Sesamöl gepresst, das der Haarpflege diente.
Eine fernöstliche Besonderheit ist das Agarholz, das vor allem als Räucherstoff verwendet wird. Nur wenn das Holz von einem bestimmten Pilz befallen ist, duftet es. Früher – und teilweise bis heute – zahlte man riesige Summen für ein kleines Stück dieses wohlriechenden Holzes, von dem auch schon kleinste Teile einen herrlichen Duft verströmen.
In China diente die Verwendung von Räucherwerk in erster Linie der Huldigung der Götter, doch auch die Wirkung angenehmer Düfte wusste man zu schätzen. Ein altes chinesisches Sprichwort, das auf den Philosophen Konfuzius (um 551–479 vor Christus) zurückgehen soll, sagt: *Räucherwerk parfümiert schlechte Gerüche, und Kerzen erleuchten die Herzen der Menschen.* Die richtige Zubereitung des Weihrauchs für den Tempel war von großer Bedeutung. Er enthielt zahlreiche Dufthölzer, -harze und Gewürze, die in einem aufwändigen Verfahren bearbeitet wurden.
Im privaten Bereich beschränkte man sich meist auf ein Parfüm für die Kleider und eine duftende Pomade für das Haar. Von größerer Bedeutung als der Duft des eigenen Körpers war für Chinesen und Japaner allerdings der Duft ihrer Umgebung. So wurden private und öffentliche Räume, zum Beispiel Tempel, beduftet und die Schreib- und Maltusche, die in China große Bedeutung hatte, mit intensiven, meist tierischen Düften wie Ambra oder Moschus parfümiert. Mit der Erfindung des Papiers um 100 nach Christus wurde es ebenfalls zu einem wichtigen Duftträger.
Wohlriechendes Kampferholz nutzte man wie Sandelholz bei der Errichtung von Gebäuden, und das ätherische Öl des Kampfers trank man zur Anregung der Verdauung. Fächer fertigte man aus Sandelholz an, damit sich bei jeder Bewegung des Fächers der angenehme Duft des Holzes verströmen konnte.
Beliebt war zudem der Duft der Gardenie. Die einzige Möglichkeit, ihren Duft zu gewinnen, ist die bereits früh von den Chinesen angewandte Methode, die Blüten in Teeblätter zu legen. Diese nehmen den Duft dann auf und geben ihn an den Tee weiter. Heute mischt man in der Regel natürliche und synthetische Materialien.
Die Verwendung von Düften in China ähnelt der in Japan, da China stark von der Kultur des Nachbarlandes beeinflusst wurde. Weihrauch und Kampfer besaßen auch dort große Bedeutung. Es gab zum Beispiel spezielle Kleiderständer, an die Kimonos gehängt wurden, um sie vom Duftrauch durchdringen zu lassen. Für edle Damen gab es duftende Kopfstützen, um das Haar angenehm riechen zu lassen.
Bei der Weihrauchuhr konnte man die Zeit daran ablesen, aus welchem ihrer Kamine Weihrauch drang. In der Heian-Epoche (794–1185) gab es sogar eigene Weihrauchfeiern, bei denen zwei Spieler verschiedene Weihrauchdüfte auf sich wirken ließen und anschließend deren Eigenschaften diskutierten. Im 17. und 18. Jahrhundert gab es „Weihrauchspiele“, bei denen es darum ging, Inhaltsstoffe verschiedener Weihraucharten richtig zu benennen.

::: Den Duft der Gardenie schätzten die Chinesen sehr.

Mittelalter und Frühe Neuzeit in Europa – starke Gerüche gegen die Pest

Im frühen Mittelalter spielten Duftstoffe abgesehen von Weihrauch im Gottesdienst noch keine tragende Rolle, galt übermäßiger privater Gebrauch von Duft dem Christentum doch als frivol. Erst die Kreuzfahrer lernten die Wohlgerüche des Orients kennen und schätzen und brachten sie mit in ihre Heimat. Dabei führten sie auch die Erkenntnisse der arabischen Alchemie über die Herstellung von ätherischen Ölen und einige bislang unbekannte Gewürze und Duftstoffe mit sich.
Besonders den Gewürzen schrieb man im Mittelalter Heilwirkungen zu. Dies galt für ihre Aufnahme mit Lebensmitteln oder pur in Form bohnengroßer Pillen, aber auch besonders für ihren Duft, in dem man ein Abwehrmittel gegen Krankheiten und Seuchen wie die Pest sah. Deren Ursache glaubte man in giftiger Luft zu finden, gegen die man mit Wohlgerüchen angehen wollte. Reiche führten daher manchmal eine Riechkugel mit sich, in der man wohlriechende Stoffe unterbringen konnte. Besonders in den Straßen der Städte, vor allem in den Vierteln der Metzger und Gerber, herrschte ein übler Geruch. Bei besonderen Anlässen begegnete man ihm dadurch, dass man Weihrauch in den Straßen verbrannte. Auch in Gärten wusste man den Duft von Pflanzen zu schät-

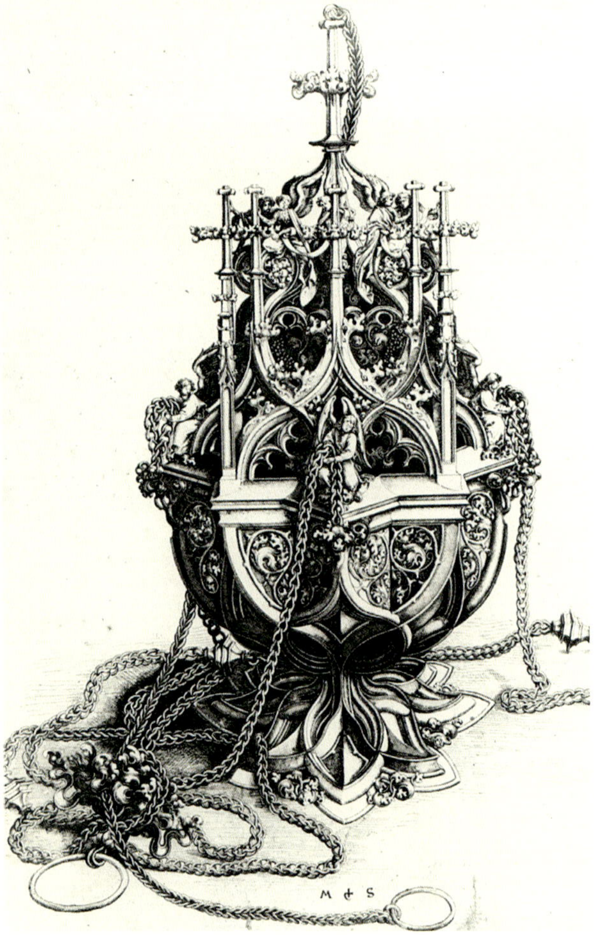

⁝⁝⁝ LINKS: Räuchergefäß (15. Jahrhundert).
⁝⁝⁝ RECHTS: Flakon in Form eines Anhängers (17. Jahrhundert).

zen, wie Albertus Magnus im 13. Jahrhundert beschreibt. Bei der Auswahl der angebauten Gewächse achtete man nicht nur auf ihre Heilwirkung oder Schönheit, sondern besonders auf ihren Duft – kein Wunder, blühten doch die Blumen der damaligen Zeit meist nur für sehr kurze Zeit. Die übrige Zeit des Jahres musste man sich am Wohlgeruch der Pflanzen erfreuen. Hildegard von Bingen (1098–1179) lobt besonders den Duft des Lavendels. Sie beschreibt auch schon ein Wasser aus Gewürz- und Duftpflanzen, das man auch äußerlich anwenden konnte.
Als erstes modernes Parfüm – eine Mischung aus Alkohol und Duftstoffen – wurde 1370 das *Ungarische Wasser* entwickelt und nach Königin Elisabeth von Ungarn benannt. Es besteht vornehmlich aus Rosmarinöl, gelöst in Alkohol, wie ein altes Rezept zeigt:

Man soll 30 Unzen [etwa 900 Gramm] *viermal destillierten Spiritus und 20 Unzen* [etwa 600 Gramm] *Essenz von Rosmarinblüten in ein gut verschlossenes Gefäß geben, 50 Stunden stehen lassen, den Inhalt dann in einen Destillierkolben gießen und ihn auf einem Wasserbad abdestillieren.*

Vor allem in der Frühen Neuzeit nahm die Kunst der Parfümerie in Europa Aufschwung. Die französische Königin Katharina von Medici (1519–1589) führte parfümierte Handschuhe ein – eine Pariser Mode, die sich schnell an den europäischen Höfen verbreitete. Man verwendete dafür parfümiertes Leder, das man ursprünglich aus Spanien bezog, daher Spanisches Leder – *peau d'Espagne* – genannt. Immer ausgefallenere Objekte wurden parfümiert: Rosenkissen, Rosenkränze, Pelze und sogar exotische Vögel. Gleichzeitig arbeitete man fortwährend an einer Verbesserung der Destillation.

Hatte man im hohen und späten Mittelalter noch gemeinsam in den Badehäusern gebadet, so verhängte das Konzil von Trient (1545–1563) nun ein öffentliches Badeverbot. Man wollte damit den Ausschweifungen in den Badehäusern entgegensteuern und die Ausbreitung von Krankheiten verhindern. Wasser geriet in den Verdacht, Krankheiten zu übertragen, weshalb man auf häufiges Waschen verzichtete. Dem Gestank der Städte nach Schmutz, Krankheiten und ungewaschenen Menschen versuchte man mit dem Einsatz schwerer tierischer Düfte wie Moschus und Zibet zu begegnen, denen man auch eine antibakterielle Wirkung zuschrieb.

Das Zeitalter des Barock – Meisterparfümeure und Eau de Cologne

Einen vorläufigen Höhepunkt erreichte die Kunst der Parfümerie in Frankreich unter dem Sonnenkönig Ludwig XIV. (1638–1715). Von ihm wird auch berichtet, er habe seinem Meisterparfümeur Martial gerne beim Komponieren von Parfüms zugesehen. Meisterparfümeur wurde man erst nach einer Lehrlingszeit von vier und einer Gesellenzeit von drei Jahren – ein Zeichen dafür, welche Bedeutung man dieser Kunst beimaß.

Ludwigs Ausgaben für Parfüm und Duftmittel waren immens. Dies liegt in der „dicken Luft" begründet, die in seinem Schloss in Versailles herrschte: Die Höflinge wuschen sich kaum und wechselten selten ihre Wäsche. Während des Aus- und Umbaus des Schlosses gab es keine vernünftige Toilette für die vielen Menschen, weshalb auch schon einmal stille Ecken des Schlosses dafür herhalten mussten. Parfüm benutzte man daher, um diese üblen Gerüche zu überdecken. Man beduftete alles: Perücken und Fächer, Taschentücher und Schmuck, Gürtel, Jacken und Schuhe.

Nach dem Tod der berühmten Marquise de Pompadour (1721–1764) sollen die Vorhänge in ihrem Boudoir noch zwanzig Jahre später nach ihren schweren Moschus- und Zibet-Düften gerochen haben, was vielleicht einen Eindruck von der Intensität und Menge der verwendeten Parfüms vermittelt. Dem Versailler Vorbild folgte man an den übrigen europäischen Höfen weitgehend.

Im 18. Jahrhundert entwickelte sich allerdings langsam eine gegenläufige Bewegung, die leichten blumigen Düften den Vorzug vor den schweren tierischen Stoffen gab.

In diese Zeit fällt auch die Erfindung des *Eau de Cologne* oder *Kölnisch Wassers*. Seinen Namen erhielt es von den französischen Truppen, die während des Siebenjährigen Krieges (1756–1763) in Köln stationiert waren und das Rezept mit nach Hause nahmen. Sein mutmaßlicher Erfinder Johann Maria Farina (1685–1766), ein italienischer Einwanderer, nannte es *Farina Aqua mirabilis* – „Farina-Wunderwasser". Es enthielt vorwiegend frisch duftende Stoffe wie Bergamotte- und Rosmarinöl in Traubengeist und konnte daher auch getrunken werden. Das genaue Rezept wird heute noch immer als Geheimnis gehütet. Kölnisch Wasser erfreute sich schnell großer Beliebtheit, da man es auch als Heilmittel für Haut,

::: Dame und Herr in einem Parfümerieladen des 17. Jahrhunderts.

Magen und Zahnfleisch betrachtete. Erst im 19. Jahrhundert trat diese Heilwirkung in der Bedeutung zurück. Per Gesetz wurde nämlich angeordnet, dass alle Heilmittel von dieser Zeit an ihre Zusammensetzung auf dem Etikett angeben müssen – und die wollten die Hersteller des *Eau de Cologne* natürlich nicht bekannt geben.

GOETHE UND PARFÜM

Goethe verwendete wie viele seiner Zeitgenossen gern Kölnisch Wasser, wie sich aus einer Bestellung des erfrischenden Parfüms und „Allheilmittels" entnehmen lässt.

Bey dieser Gelegenheit wollte ich sie ersuchen, mir ein Kästchen mit sechs Gläsern Eau de Cologne zu überschicken, wofür ich den Betrag mit dem übrigen gern erstatten werde. Es ist dieses wohlriechende Wasser seit den Verwirrungen der Zeit schwer bey uns zu haben.
Da ich recht wohl zu leben wünsche,
Weimar, am 9. May 1802
gez. Goethe.
Mit dem Pferdewagen zu überschicken.

Das 19. Jahrhundert – Aufschwung der Parfümerie

Auch Napoleon war ein großer Anhänger des Kölnisch Wassers, von dem er täglich mehrere Flaschen verbraucht haben soll. Er hatte ein ausgeprägtes Bedürfnis nach Reinlichkeit, das sich als Mode in ganz Europa verbreitete und der Seifenindustrie zu einem Aufschwung verhalf.
Napoleons Gattin Josephine führte eine elegante, orientalisch angehauchte Mode in die Salons ein, bei der das schlichte Weiß ärmelloser Kleider durch bunte indische, mit Patchouli parfümierte Schals ergänzt wurde. Besonders liebte sie den Duft von Rosen, die sie um ihr Heim in Malmaison kultivierte, und Moschus – ein Duft, den Napoleon verabscheute. Aus Rache soll sie daher seine Gemächer in Moschus fast ertränkt haben, als ihr Mann sie wegen einer anderen Frau verließ.
Besonders beliebt war zu dieser Zeit der Duft von Veilchen, die junge Mädchen als Sträußchen am Dekolleté trugen. Auch beduftete man sich mit Veilchenparfüm und lutschte Veilchenpastillen für wohlriechenden Atem. Seine Beliebtheit verdankte das Veilchen sicherlich sowohl seinem angenehm-frischen, blumigen Duft als auch seiner Symbolik. Seit dem Mittelalter steht das Veilchen nämlich auf Grund seiner geringen Größe für Bescheidenheit und wird deshalb oft Maria zugeordnet. Bescheidenheit wiederum war eine Tugend, die man im häus-

::: Der Stich aus dem 17. Jahrhundert zeigt die Herkunft der Duftstoffe von Tieren und Pflanzen.

lichen 19. Jahrhundert bei Mädchen und Frauen besonders schätzte.

Von großer Bedeutung für die auf Grund der engen Korsetts zu Ohnmachtsanfällen neigende adelige Dame des 17. bis 19. Jahrhunderts war das Riechsalz. Es war meist eine Mischung aus Ammoniak und ätherischen Ölen, zum Beispiel Lavendel. Das Ammoniak verursacht beim Einatmen einen verstärkten Atemreflex, der dann zu einer besseren Versorgung mit Sauerstoff führt. Ein Fläschchen mit Riechsalz gehörte daher zur Grundausstattung einer adeligen Dame.

Die zunehmende Bedeutung der Parfüms lässt sich auch an der Aufmerksamkeit erkennen, die man ihnen nun in der Geschichtsschreibung zubilligte: Der Parfümeur Eugène Rimmel (1820–1887) verfasste „The Book of Perfumes", die erste Parfümchronik, in der er auch die Geschichte der Parfümerie außerhalb Europas berücksichtigte. Konsequenterweise ließ er sein Buch auf parfümiertes Papier drucken.

Der zunehmende Bedarf an Duftstoffen, auch in der Mittelschicht, die verbesserten Bezugsmöglichkeiten durch die Kolonien und der Fortschritt in den Herstellungsverfahren ließen die Parfümindustrie im 19. Jahrhundert beständig wachsen – eine Entwicklung, die sich im 20. Jahrhundert fortsetzte.

Heute – eine Welt von Düften

Düfte spielen im heutigen Alltag eine nicht mehr wegzudenkende Rolle. Die tägliche Dusche mit parfümiertem Duschgel ist uns Westeuropäern zur Normalität geworden, und wir umgeben uns mit einer Vielzahl verschiedenster Duftstoffe: Deodorants, Raumerfrischer, Duftlampen, Parfüms und Potpourris. Parfümerien gibt es in jeder Einkaufstraße; die Werbung ist voll vom neuesten Duft berühmter Persönlichkeiten oder Marken. Jeder Raum und sogar das Auto wird angenehm beduftet. Synthetische Duftstoffe bereichern das Angebot der Parfümindustrie und ermöglichen unzählige Duftkombinationen.

Oft nehmen wir die einzelnen Gerüche gar nicht mehr wahr, da wir so von ihnen umgeben sind. Vielleicht sind wir darin den Ägyptern, Griechen und Römern nicht unbedingt überlegen, bei denen Düfte zwar einen festen Bestandteil des religiösen und alltäglichen Lebens bildeten, aber dennoch ganz bewusst wahrgenommen und genossen wurden.

9.1

Die Gewinnung der ätherischen Öle

Seit Jahrtausenden machen sich Menschen den angenehmen Duft verschiedener Pflanzen zunutze. Schon früh entstand dabei der Wunsch, nicht nur den Wohlgeruch der frischen oder den – meist weniger starken – der getrockneten Pflanze verwenden zu können, sondern Düfte auch konzentrieren, konservieren und mischen zu können, um so neue Wohlgerüche zu erfinden.
Zu diesem Zweck entwickelte man schon früh Verfahren, um das kostbare ätherische Öl, den maßgeblichen Träger des Duftes, möglichst schonend aus den Pflanzen zu gewinnen. Es war haltbarer als die frischen Pflanzen, leichter transportierbar und konnte mit anderen ätherischen Ölen gemischt sowie mit Alkohol oder Basisölen verdünnt werden. Auf diese Weise konnte man sich am Duft der Pflanzen das ganze Jahr über freuen oder Düfte aus fernen Gegenden verwenden, auch wenn man diese Pflanzen auf Grund des Klimas nicht bei sich anbauen konnte.
Einige dieser Verfahren haben sich fast unverändert bis heute erhalten, während andere auf den Erkenntnissen des wissenschaftlichen Fortschritts beruhen. Im Folgenden werden die wichtigsten Verfahren und Rohstoffe vorgestellt.

Die Rohstoffe der Duftgewinnung

Die überwiegende Mehrzahl der Rohstoffe für die Duftgewinnung stammt aus dem Pflanzenreich, während nur vier Düfte tierischen Ursprungs sind: Moschus vom männlichen Moschushirsch, Zibet von der Zibetkatze, Castoreum oder Bibergeil vom Biber und Ambra vom Pottwal. Meist werden die tierischen Stoffe aus Tierschutz- und Kostengründen heute synthetisch hergestellt.
Für die Gewinnung der ätherischen Öle aus Pflanzen verwendet man unterschiedliche Teile der Gewächse. Wichtiger Rohstoff sind zunächst die Blüten der Pflanzen, deren Duft schon seit Jahrtausenden von Menschen geschätzt und genutzt wird, wie beispielsweise bei der Rose und der Narzisse. Darüber hinaus sind Blätter oder Stängel der Pflanzen – manchmal zusammen mit den Blüten – wichtige Duftstofflieferanten, wie zum Beispiel beim Lavendel oder dem Zitro-

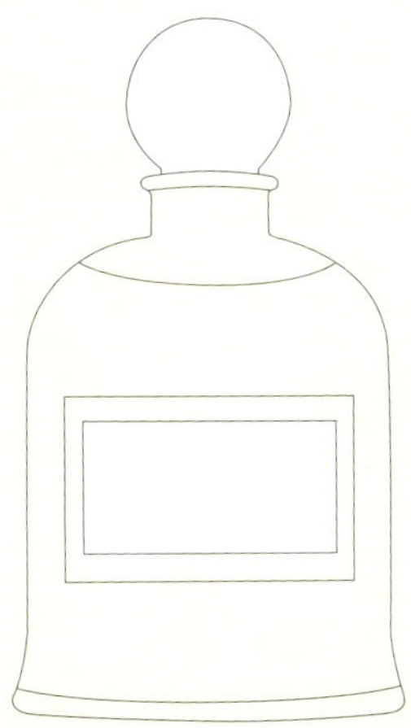

::: Durch Enfleurage gewann man früher aus den Blüten des Jasmins das ätherische Jasminöl.

nengras. Aus der Schale der Zitrusfrüchte, wie etwa Bergamotte, Orange oder Zitrone, gewinnt man das ätherische Öl durch Kaltpressung. Wurzeln spielen ebenfalls eine Rolle, zum Beispiel bei der Veilcheniris.

Auch aus dem Holz bestimmter Bäume lassen sich Dufstoffe gewinnen, die meist einen warmen Geruch verströmen – etwa aus Sandelholz, Zedernholz oder Rosenholz. Beim Weihrauch wiederum ist das Harz des Weihrauchbaumes der Geruchsträger.

Duftstoffe können ebenfalls Gewürze zur Grundlage haben, wobei diese meist aus den Früchten, den Samen oder dem Kraut der Pflanzen gewonnen werden, mit Ausnahmen wie etwa dem Zimt, der aus den inneren Rindenschichten des Zimtbaumes hergestellt wird.

ÄTHERISCHE ÖLE

Ätherische Öle sind Bestandteil vieler Pflanzen. Als Stoffwechselprodukt dieser Pflanzen dienen sie vor allem dazu, durch ihren Duft Insekten zur Bestäubung anzulocken. Daher sind es oft die weißen, für Insekten weniger auffallenden Blüten, die stärker als farbige duften. So hat der Weiße Jasmin beispielsweise einen betörenden Duft, der Gelbe jedoch ist geruchlos.

Besonders viel des kostbaren ätherischen Öls ist in Blüten mit dicken Kronblättern wie beim Jasmin oder der Rose enthalten, da die großen Zellen viel davon speichern können und wegen der Dicke der Blätter weniger entweicht. Reines ätherisches Öl ist meist sehr teuer, da aus einer großen Menge Blütenblätter nur wenig Öl entsteht. Man verwendet daher meist ätherisches Öl, das zu einem gewissen Prozentsatz in Alkohol oder Fett gelöst ist.

Die Enfleurage

Die Enfleurage, auch *Enfleurage à froid* – kalte Enfleurage – genannt, ist eines der ältesten Verfahren zur Duftgewinnung, das heute allerdings kaum noch Anwendung findet. Es beruht auf der Erkenntnis, dass Fett besonders gut Gerüche speichern kann, lässt sich aber nur bei Pflanzen nutzen, die ihren Geruch auch einige Zeit nach dem Pflücken bewahren, wie zum Beispiel Jasmin.

Die kalte Enfleurage empfiehlt sich besonders bei Blüten, die keine Hitze vertragen können. Man gibt dazu die Blüten auf mit Fett bestrichene Glasplatten und streut über eine längere Zeit – oft bis zu drei Monate – in bestimmten Zeitabständen frische Blüten darüber. Besonders gut eignet sich Schweine- oder Rinderfett, da dieses selbst geruchlos ist. Wenn das Fett mit dem ätherischen Öl der Blüten gesättigt ist, löst man mit Hilfe von Alkohol das Blütenöl aus der so entstandenen *Pomade*. Das gewonnene hoch konzentrierte Duftöl nennt man *absolue d'enfleurage* oder *essence absolue*.

Die Mazeration

Die Mazeration, auch *Enfleurage à chaud* – warme Enfleurage – genannt, arbeitet nach demselben Prinzip wie die kalte Enfleurage, nutzt aber die Wirkung von warmem Fett und eignet sich daher besonders für Blüten, die ihren Duft nach dem Pflücken schnell verlieren, wie etwa Rosen- oder Orangenblüten. Fett und Blüten werden hierbei mehrfach nacheinander auf Zimmertemperatur erwärmt, wobei bei jedem Erwärmungsvorgang neue Blüten zugefügt werden. Geschieht der gleiche Vorgang bis zu einer Temperatur von 50 bis 70° Celsius, so spricht man von einer *Infusion*. Durch Auslösen mit Alkohol erhält man auch bei der Mazeration das *absolue* der Pflanze.

Die Mazeration findet heute jedoch nur noch selten Anwendung, da sie, wie die kalte Enfleurage auch, sehr arbeitsaufwändig und dadurch kostspielig ist.

::: Die Blüten der Hyazinthe aus der Familie der Liliengewächse geben ihren Duft nur durch Extraktion ab.

ESSENZEN

Der Begriff *Essenz* meint ursprünglich den Kern, das Wesen einer Sache. Bezogen auf Duftstoffe versteht man darunter eine Mischung aus natürlichen und/oder synthetischen Duft- oder Geschmacksstoffen. Man unterscheidet sie nach ihrem Einsatzzweck, zum Beispiel Limonadenessenz, oder nach ihrem Duft/Geschmack, wie zum Beispiel Kräuteressenz, Rosenessenz, Zitronenessenz. Vor allem in der Aromatherapie werden die ätherischen Öle der Pflanzen auch Essenzen genannt, weil sie dort immer etwas vom Wesen der Pflanze widerspiegeln.

Unter *Essence absolue* versteht man das hoch konzentrierte ätherische Öl einer Pflanze.

Die Wasserdestillation

Die Wasserdestillation ist ein sehr altes Verfahren der Duftstoffgewinnung. Sie beruht auf der Erkenntnis, dass die meisten ätherischen Öle durch Wasserdampf aus den Pflanzen gelöst werden können. Dazu werden die Pflanzen zerkleinert und zusammen mit Wasser in einem Destillationsapparat gekocht. Dabei trennen sich das ätherische Öl und das Wasser auf Grund ihrer unterschiedlichen Dichte. Das Öl kann aufgefangen und in Fläschchen abgefüllt werden.

Die Wasserdampfdestillation

Schonender für die oft empfindlichen Duftstoffe ist die Wasserdampfdestillation, die heute für die Gewinnung der meisten ätherischen Öle aus pflanzlichen Rohstoffen verwendet wird. Sie funktioniert ähnlich wie die Wasserdestillation, nur dass hier Wasserdampf über die Pflanzen geleitet wird. Dadurch werden die flüchtigen Stoffe, zum Beispiel die ätherischen Öle, von den nichtflüchtigen, den Pflanzenteilen, getrennt. Das ätherische Öl wird anschließend aufgefangen.

Durch die so genannte *fraktionierte Destillation* kann man diese Öle noch weiter verfeinern, indem man die Gemische verschiedener Substanzen mit Hilfe ihrer unterschiedlichen Siedepunkte trennt. Man erhält so besonders reine ätherische Öle.

Die Wasserdampfdestillation wird heute in der Regel industriell im großen Maßstab durchgeführt. Riesige Mengen an Blüten und anderen Pflanzenteilen finden ihren Weg in die Destillationsapparaturen, um vergleichsweise wenig ätherisches Öl entstehen zu lassen, das je nach Rohstoffbedarf und Arbeitsaufwand um so kostbarer ist. So wird manchmal bis zu einer Tonne Blüten benötigt, um ein Kilogramm ätherisches Öl zu gewinnen.

Die Extraktion

Manche ätherischen Öle sind so empfindlich, dass sie durch die Wasserdampfdestillation Schaden nehmen würden. Für sie empfiehlt sich die Extraktion, will man nicht auf die arbeitsaufwändigen Methoden der kalten oder warmen Enfleurage zurückgreifen. Beim Jasmin hat die Extraktion heute beispielsweise die Enfleurage weitgehend ersetzt.

Bei diesem Verfahren extrahiert man die Duftstoffe durch leicht flüchtige Lösungsmittel, zum Beispiel Petrol-Ether, indem man die Pflanzen in ein Gefäß gibt und das erhitzte Lösungsmittel hinzufügt, worauf sich die Duftstoffe darin lösen. Neue Pflanzen werden hinzugegeben, und der Vorgang wiederholt sich, bis das Lösungsmittel schließlich gesättigt ist. Dann wird es abdestilliert – zurück bleibt die feste *Essence*

::: LINKS: Zwei Destillierkolben: Die Flüssigkeit verdampft, das Destillat fließt vom ersten in den zweiten Kolben, verdampft dort erneut und fließt wieder zurück in den ersten. Auf diese Weise ist eine Endlosdestillation möglich.
::: RECHTS: Den Blüten der Pfingstrose entströmt ein herrlicher, zarter Duft.

concrète, aus der dann mit Hilfe von Alkohol das *absolue* der Pflanze gewonnen wird.

Die Kaltpressung

Das Verfahren der Kaltpressung von Schalen findet nur bei Zitruspflanzen wie Bergamotte oder Zitrone Anwendung. Es entsteht dabei eine Emulsion aus ätherischem Öl und anderer Flüssigkeit, vorwiegend Wasser, von der man das ätherische Öl durch Zentrifugierung abtrennt.

Synthetische Herstellung

Eine große Anzahl der Essenzen kann heute auch synthetisch oder halbsynthetisch – aus natürlichen Rohstoffen in Verbindung mit einer chemischen Reaktion – hergestellt werden. Dies ist oftmals kostengünstiger, da nicht so viele und teure pflanzliche Rohstoffe benötigt werden. Auch ist die Herstellung synthetischer Duftstoffe unabhängig von der Jahreszeit, und die Verwendung synthetischer Ersatzstoffe ist in vielen Fällen umweltfreundlicher, sind einige pflanzliche Rohstoffe der Parfümherstellung, wie zum Beispiel der Rosenholzbaum, doch nicht zuletzt wegen der Gewinnung ätherischer Öle vom Aussterben bedroht. Die synthetischen Stoffe bieten der Parfümindustrie angemessenen Ersatz, wobei sie chemisch meist weniger komplex als Naturstoffe aufgebaut sind.

::: Der Weg von der Pflanze zum Heilmittel: Die Pflanzen werden gesammelt, geprüft, zerkleinert und destilliert. Im Hintergrund wartet bereits der Kranke auf seine Medizin (16. Jahrhundert). Die Fortschritte bei der Destillation kamen auch der Parfümherstellung zugute.

GRASSE – STADT DER PARFÜMEURE

Die Stadt Grasse in der Provence ist untrennbar mit der Parfümindustrie verbunden. Seit dem 17. Jahrhundert gewinnt man dort im großen Stil ätherische Öle, vorwiegend von Jasmin, Rosen und Orangenblüten. Auch die Methode der Enfleurage wurde dort perfektioniert. So fest ist der Jasmin in Grasse verankert, dass man ihn dort nur *die Blume* nennt – so als gäbe es keine anderen Blumen auf der Welt. In der Blütezeit im August wird zu seinen Ehren ein Fest, die *Fête du Jasmin*, gefeiert und die Jasminkönigin gewählt.
Während die Gegend um Grasse früher vor allem durch Blumenplantagen gekennzeichnet war, sind sie heute selten geworden. Die Blüten stammen meist aus Ländern, in denen der Anbau und die Ernte billiger erfolgen können, etwa aus Marokko oder der Türkei. Doch auch heute noch finden sich zahlreiche bedeutende Parfümhersteller in Grasse, die Parfümerien Galimard und Fragonard etwa, und noch immer setzt man dort auch auf die teuren Natur-Essenzen an Stelle der synthetischen Herstellung.
Eine schöne literarische Würdigung hat Grasse im Roman „Das Parfum" von Patrick Süskind erfahren, wo es einer der Hauptorte der Handlung ist. In Grasse kann man heute Führungen auf den Spuren des Romanhelden, Jean-Baptiste Grenouille, unternehmen oder in der Duftschule einer der berühmten Parfümerien lernen, selbst ein Parfüm zu komponieren.

Verdünnen mit Alkohol oder Öl

Hat man die ätherischen Öle einmal hergestellt, so müssen sie allein schon wegen ihrer Kostbarkeit, aber auch wegen der Intensität ihres Duftes und ihrer oftmals hautreizenden Wirkung verdünnt werden, bevor man sie als Duftstoffe nutzen kann. In der Parfümherstellung geschieht dies durch Zusatz von Alkohol als Trägersubstanz, wobei sich die Konzentration der Duftstoffe auf die Bezeichnung der Parfüms als *eau de toilette*, *eau de parfum* etc. und den Preis auswirkt.
Je weniger Duftstoff enthalten ist, desto günstiger ist auch meist das Produkt. Im Handel sind oft sogar unterschiedliche Stärken ein und desselben Duftes erhältlich.
Eine weitere Verdünnungsmöglichkeit bieten dufttragende Basisöle, die sich besonders als Grundlage von Körper- oder Massageölen eignen. Hier kommen zahlreiche Öle in Frage, die möglichst durch Kaltpressung gewonnen sein sollten, darunter etwa:

APRIKOSENKERNÖL

Dieses besonders leichte Öl eignet sich gut für empfindliche und trockene Haut.

AVOCADOÖL

Avocadoöl ist sehr vitaminreich, wird aber meist auf Grund seines hohen Fettgehalts mit anderen Ölen gemischt.

JOJOBAÖL

Mit viel Vitamin E und anderen entzündungshemmenden Stoffen versehen, wirkt Jojobaöl gut bei rauer und trockener Haut sowie Verletzungen.

OLIVENÖL

Olivenöl ist sehr hautfreundlich, besitzt aber einen starken Eigengeruch.

Die wichtigsten pflanzlichen Duftstoffe

Viele der Duftstoffe, die heute in der Parfümindustrie verwendet werden, haben bereits eine lange Geschichte hinter sich, werden sie doch seit Jahrhunderten oder gar Jahrtausenden eingesetzt. Dennoch gibt es viele Moden und Veränderungen – während man zum Beispiel im 19. Jahrhundert Veilchenparfüm aus der Wurzel der Veilcheniris sehr schätzte und Veilchenpastillen lutschte, spielt dieser Duft heute in der Parfümindustrie kaum noch eine Rolle. Dies mag auch daran liegen, dass die vom Veilchen verkörperte Tugend der Bescheidenheit etwas außer Mode gekommen ist …

Bei vielen Duftstoffen ist es nicht allein der Geruch, der uns begeistert – die in ihnen enthaltenen ätherischen Öle machen sie oftmals auch als Gewürze geeignet oder verleihen ihnen positive Auswirkungen auf den menschlichen Körper. Wer kann schon genau sagen, ob der Vanille als Gewürz oder als Duftstoff größere Bedeutung zukommt. Und überhaupt – greift nicht das eine in das andere, wenn wir den Duft von köstlich gewürztem Essen wahrnehmen oder uns beim Einatmen von Lavendel gleich weniger gestresst fühlen?

Dieses Kapitel stellt die wichtigsten pflanzlichen Duftstoffe, ihre Herstellung, Geschichte und Verwendung vor.

Anis

Pimpinella anisum

würzig-süß

Wie viele andere Pflanzen, die ätherische Öle enthalten, ist Anis gleichzeitig Heil- und Gewürzpflanze. Seine Öle, die man erst durch Mahlen oder Anquetschen freisetzt oder durch Wasserdampfdestillation gewinnt, haben vor allem verdauungsfördernde und appetitanregende Wirkung.

Aus diesem Grund verwendet man ihn seit langem in der Küche, aber wegen seines angenehmen Duftes auch als Duftöl. Vielen alkoholischen Getränken mit verdauungsfördernder Wirkung verleiht Anis den charakteristischen Geschmack – Raki, Ouzo und Pernod zum Beispiel. Bereits in der griechischen Antike würzte man Wein unter anderem mit Anis und

::: Der Duft der Weißen Lilie oder Madonnenlilie verwendet man zur Parfümherstellung.

::: NÄCHSTE DOPPELSEITE LINKS: Das ätherische Öl des Anis wurde schon in der Antike gehandelt.

::: NÄCHSTE DOPPELSEITE RECHTS: Das Öl des Süßfenchels findet in der Aromatherapie Anwendung.

handelte mit Duftölen, zu denen auch Anis gehörte. Die Römer verwendeten Anis vor allem für Kekse und Kuchen, was sich bis heute in der Weihnachtsbäckerei erhalten hat.

Bergamotte

Citrus aurantium ssp. bergamia

erfrischend leicht

Wie ihr lateinischer Name verrät, gehört die Bergamotte zu den Zitrusfrüchten. Ihre Früchte sind allerdings im Gegensatz zu denen ihrer Verwandten nicht zum Verzehr geeignet, weshalb sie fast ausschließlich zur Gewinnung der Essenz angebaut wird. Ihr Name erinnert an die italienische Stadt Bergamo in der Lombardei. Italien ist auch einer der Hauptlieferanten für das ätherische Bergamotteöl, das man durch Kaltpressung aus den Fruchtschalen gewinnt. 200 Kilogramm der Schalen ergeben ein Kilogramm ätherisches Öl. Seit dem 18. Jahrhundert ist das ätherische Öl der Bergamotte nicht mehr aus der Parfümindustrie wegzudenken. Besonders das bekannte und altbewährte Kölnisch Wasser erhält durch sie seinen charakteristischen erfrischenden Duft. Bekannt ist die Bergamotte jedoch vor allem durch den Earl-Grey-Tee, der ihrem Aroma seinen typischen Geschmack verdankt. Weniger geläufig sind uns die mit Bergamotte aromatisierten Schnäpse und Liköre. In der Hausmedizin soll Bergamotteöl die Haut bei Sonnenbrand beruhigen.

Fenchel

Foeniculum vulgare var. dulce

warm und würzig

Der ursprünglich aus dem Mittelmeerraum stammende, heute aber in vielen Teilen der Welt angebaute und wild wachsende Fenchel ist eine Gemüse-, Gewürz- und Heilpflanze aus der Familie der Doldenblütler. Diese Zwischenstellung verdankt er unter anderem seinem Gehalt an ätherischem Öl, das man durch Wasserdampfdestillation aus den zerquetschten Früchten gewinnt. In der Parfümherstellung spielt Fenchel in der Regel keine Rolle.

In der Medizin verwendet man ihn bei Husten, zum Beispiel als Tee, und zur Beruhigung bei Magen- und Verdauungsbeschwerden. Bekannt ist auch der Fenchelhonig, der ätherisches Fenchelöl enthält. Man unterscheidet zwischen dem Süß- und dem Bitterfenchel, die beide in der Küche zum Einsatz kommen. In der Aromatherapie sollte man jedoch nur das Öl des Süßfenchels verwenden, da jenes des Bitterfenchels giftige Eigenschaften aufweist. In der mediterranen Küche werden vor allem Stängel und Knollen des Gemüsefenchels gerne verwendet. Darüber hinaus nutzt man auch noch die Blätter und Samen der Pflanze, wobei letztere geschmacklich an Anis erinnern. Einem alten Aberglauben zufolge soll mit Fenchelsamen vermischter Wein als Aphrodisiakum wirken. Dies mag aber vielleicht eher der „beflügelnden“ Wirkung des Weines als der des Fenchels zuzuschreiben sein.

Geranium

Pelargonium graveolens u.a.

voll und blumig

Aus dem blühenden Kraut der Pelargonie, umgangssprachlich auch als Geranie bezeichnet, gewinnt man durch Wasserdampfdestillation das ätherische Geraniumöl. Diese Pflanze aus der Familie der Storchenschnabelgewächse stammt ursprünglich aus Südafrika. Nur sieben von etwa 700 Sorten können zur Herstellung des ätherischen Öls verwendet werden. Die bei uns beliebte Balkonpflanze gehört nicht dazu. Die bekannteste Duftgeraniensorte ist die Rosengeranie (*Pelargonium graveolens*); einen besonders angenehmen Geruch besitzt das Öl der Bourbon-Geranie, die vorwiegend auf der Insel La Réunion, früher *Isle Bourbon* genannt, angebaut wird. Das ätherische Öl der Geranie soll sich besonders positiv auf die Wund- und Narbenheilung auswirken. Heutzutage gewinnt man aus der Kapland-Pelargonie (*Pelargonium reniforme / sidoides*) auch das die Immunabwehr stärkende Medikament Umckaloabo.

::: Von den vielen Pelargoniensorten eignen sich nur wenige zur Gewinnung des Geraniumöls.

d
a
c

N.606.
b

Iris

Iris germanica var. florentina u.a.

fein-blumig

Das ätherische Öl der Iris oder Schwertlilie ist vorwiegend in den Wurzeln der Pflanze enthalten. Man gewinnt es durch Wasserdampfdestillation der zwei bis drei Jahre lang gelagerten Wurzeln, da sich der Duft mit der Dauer der Lagerung verstärkt. 700 bis 1000 Kilogramm Wurzeln ergeben dabei ein Kilogramm Öl.

Aus der Wurzel der Veilcheniris (*Iris florentina*), die auch *Veilchenwurz* oder *Violwurtz* genannt wurde, stellte man im 19. Jahrhundert das zu dieser Zeit sehr beliebte Veilchenparfüm her. Schon in der Antike aromatisierte man mit ihrem Duft den Wein oder kaute sie, um Mundgeruch zu beseitigen. Noch heute werden Liköre mit Iris verfeinert, wie zum Beispiel das *Danziger Goldwasser*. Eine wichtige Rolle spielt sie zudem bei der Parfümherstellung.

Jasmin

Jasmin absolue und grandiflorum

süß und sinnlich

Ursprünglich stammt der rankende Jasminstrauch mit seinen blumig-intensiv duftenden Blüten wahrscheinlich aus Indien, wird heute jedoch vorwiegend in Ägypten angebaut. Aus den handgepflückten Blüten gewinnt man durch Extraktion das ätherische Öl. Für ein Kilogramm Öl werden etwa 1000 Kilogramm Blüten benötigt, was rund acht Millionen Blüten entspricht. Jasminessenz ist daher sehr kostbar und wird oft mit Alkohol oder Jojobaöl verdünnt oder durch synthetische Öle ersetzt.

Jasmin absolue spielt heute noch eine wichtige Rolle in der Parfümherstellung und wird sogar als „König der Blütenöle“ oder als „Engelsduft“ bezeichnet. Bekannt ist auch der Jasmintee, ein halbfermentierter grüner Tee, der erst durch Jasminblüten seinen typischen blumigen Geruch und Geschmack erhält und eine Cholesterin senkende Wirkung haben soll.

JASMINPARFÜM

Betörend sinnlich

Auf zehn Milliliter Ethylalkohol je fünf Tropfen Jasmin, Sandelholz, Rosenholz, Limette und Flieder sowie einen Tropfen Ylang-Ylang geben. Das Mischungsverhältnis kann je nach persönlichem Geschmack auch variiert werden.

Kardamom

Elettaria cardamomum

würzig und voller Aroma

Die Kardamompflanze aus der Familie der Ingwergewächse wächst im Schatten hoher tropischer Bäume vorwiegend in Indien. Aus ihren ölhaltigen Samen gewinnt man durch Wasserdampfdestillation das ätherische Kardamomöl, das in der Parfümherstellung eine Rolle spielt und zur Aromatisierung von Likören verwendet wird.

Weit bekannter allerdings ist seine Verwendung als Gewürz, denn Kardamom ist einer der Hauptbestandteile des von jeder Köchin und jedem Koch anders zusammengestellten Currypulvers. Da das ätherische Öl bei Kardamompulver schnell verfliegt, sollten die Samen erst bei Bedarf mit dem Mörser zerstoßen werden.

Lavendel

Lavandula vera, Lavandula angustifolia

blumig-krautig

Aus den blühenden Rispen und den Stängeln des Lavendels gewinnt man das ätherische Öl durch Wasserdampfdestillation. Die Pflanze ist im westlichen Mittelmeerraum heimisch und wird heute vor allem in der Provence auf Feldern angebaut. Zur Zeit ihrer Blüte im Juli entsteht so ein wahres Meer aus duftenden violetten Blüten, das in jedem Fall eine Reise lohnt.

Besonders wertvoll ist das Öl des wilden Berglavendels, das *Lavendel extra* genannt wird. *Lavendel fein* wird dagegen aus

::: Die Wurzel der Iris florentina (rechts) duftet angenehm nach Veilchen.

::: NÄCHSTE DOPPELSEITE LINKS: Aus den betörend duftenden Blüten des Jasmins gewinnt man die kostbare Essenz.

::: NÄCHSTE DOPPELSEITE RECHTS: Die Samen der Kardamompflanze enthalten viel ätherisches Öl.

1
2
3

a
a

dem auf Feldern angebauten Lavendel gewonnen. Daneben gibt es noch den Lavandin, eine Hybride, also Kreuzung, von Echtem Lavendel und Speik-Lavendel, die mehr Ertrag als der Echte Lavendel bringt. Lavandin dient häufig als Basis für preiswertere Lavendelöle, besitzt aber einen schwächeren Duft als *Lavendel fein* und *Lavendel extra*.
Der frische, reine Duft des Lavendels spielt nicht nur eine Rolle in der Parfümherstellung, sondern wird auch zur Aromatisierung von Reinigungsmitteln eingesetzt – hier allerdings eher in Form von Lavandin oder mit synthetischen Ölen. Bekannt sind vor allem die Lavendelsäckchen, die im Kleiderschrank angenehm duften und die Kleidung vor Motten schützen.

LAVENDELBAD

Duft und Entspannung

Lavendelduft wird eine beruhigende Wirkung zugesprochen. Für ein entspannendes und wohlriechendes Bad kann man daher etwa drei Handvoll getrocknete Lavendelblüten in ein Stoffsäckchen geben und dem Badewasser hinzufügen. Wer möchte, kann sich dazu einige Kerzen oder Teelichter anzünden und entspannende Musik hören. Genuss pur!

Lemongras

Cymbopogon flexuosus

zitronenartig-erfrischend

Lemongras, auch *Zitronengras* oder *Citronella* genannt, gehört zur Familie der Süßgrasgewächse. Die Pflanze ist ursprünglich in Indien beheimatet, wird aber heute vorwiegend in Südamerika, Afrika und China angebaut. Die gehäckselten Stängel und Blätter der Pflanze bilden die Grundlage für die Gewinnung des ätherischen Öls. Mit zwei Prozent Ölgewinn ist das Zitronengras relativ ertragreich, weshalb es manchmal dazu benutzt wird, andere, teurere Öle zu strecken.
Sein zitronenartiger frischer Duft spielt in der Parfümherstellung eine Rolle. Größere Bedeutung kommt ihm in seiner asiatischen Heimat allerdings als Gewürz zu. In der Küche verwendet man nur die frischen Stängel, während man aus den Blättern einen durstlöschenden Tee herstellen kann.

LEMONGRAS-RAUMERFRISCHER

Lemongras wirkt belebend und konzentrationsfördernd. Um einen Raum angenehm frisch riechen zu lassen, kann man einige Tropfen Lemongrasöl, auf Wunsch auch zusammen mit Zitronenöl, in eine Duftlampe geben oder in einem Schälchen verdunsten lassen.

Majoran

Origanum majorana

warm und würzig

Majoran ist vor allem als Würzpflanze bekannt. Er stammt ursprünglich aus Kleinasien, wo er wild wächst. Auf Grund seiner großen Beliebtheit als Gewürz wird er seit dem Mittelalter auch in Europa angebaut.
Botanisch ist er mit Oregano verwandt und wird in der Küche ähnlich wie dieser verwendet. Seine Eignung als Gewürz verdankt der Majoran dem hohen Anteil an ätherischem Öl, das man auch durch Wasserdampfdestillation aus den blühenden Zweigen gewinnen kann.
Als Gewürz kann man ihn frisch und getrocknet verwenden, wobei getrockneter Majoran alle Teile der Pflanze mit Ausnahme der Wurzel enthält.
Den Griechen galt Majoran als Symbol der Glückseligkeit. Er war der Liebesgöttin Aphrodite zugeordnet. Frisch verheiratete Paare wurden daher oft mit angenehm duftenden Girlanden von frischem Majoran geschmückt.

::: Lavendel erfreut mit seinem wunderbaren Duft und Anblick die Sinne.
::: NÄCHSTE DOPPELSEITE LINKS: Lemongras oder Zitronengras duftet frisch und leicht zitronig.
::: NÄCHSTE DOPPELSEITE RECHTS: Aus den Blüten der Bitterorange oder Pomeranze gewinnt man Neroli.

Myrrhe

Commiphora myrrha

balsamisch-würzig

Myrrhe besteht aus dem Harz des Commiphora-myrrha-Baumes, einer Balsambaumart. Sie ist eines der ältesten Räuchermittel der Menschheit, das bereits in der Antike bei Babyloniern, Ägyptern und Griechen zentrale Bedeutung besaß.
Man verbrannte es zu Ehren der Götter und als Nahrung für die Toten, rieb sich mit Salben aus Myrrhe ein und verwendete es zur Mumifizierung der Toten. Dem Rauch der Myrrhe sprach man reinigende Wirkung zu.
Ihre große Bedeutung und Kostbarkeit für die Menschen der damaligen Zeit lässt sich daran erkennen, dass sie neben Gold und Weihrauch eines der Geschenke war, das die so genannten Heiligen Drei Könige nach dem Matthäus-Evangelium dem Jesusknaben als Geschenk überreichten.
Die reinigende und heilende Wirkung der Myrrhe findet heute in der Heilkunde Anwendung bei Entzündungen, Wunden und Narben.

Neroli

Citrus aurantium ssp. bigaradia

frisch und kraftvoll

Aus der frischen Blüte der Orange oder der Bitterorange bzw. Pomeranze lässt sich durch Wasserdampfdestillation oder Extraktion mit einem organischen Lösungsmittel das ätherische Neroliöl herstellen. Seinen Namen soll Neroli im 17. Jahrhundert nach der Herzogin Flavia Orsini, Prinzessin von Nerola, erhalten haben, die den Neroli-Duft sehr liebte und zum Beispiel ihre Laken damit parfümieren ließ.
Aus einer Tonne der handgepflückten Blüten gewinnt man etwa ein Kilogramm Neroli-Essenz – die Blüten enthalten also nur wenig ätherisches Öl. Das blumig-frisch duftende Neroliöl ist ein wichtiger Bestandteil vieler Parfüms und durch den großen Aufwand bei seiner Gewinnung vergleichsweise teuer.
Als Nebenprodukt fällt bei der Destillation das Orangenblütenwasser an, das vorwiegend alkoholische Bestandteile enthält. Aus der Schale der Pomeranzen stellt man Orangeat her, das vor allem in der Weihnachtsbäckerei Verwendung findet.

Nelke

Syzygium aromaticum

würzig-voll

Mit den beliebten Blumen hat das ätherische Nelkenöl nichts zu tun; man gewinnt es durch Wasserdampfdestillation vorwiegend aus den Blättern des Gewürznelkenbaums. Auch die bekannten Gewürznelken, die getrockneten Blütenknospen des Baumes, enthalten bis zu fünfzehn Prozent ätherisches Öl, was sie besonders für eine Verwendung als Gewürz in Soßen und vor allem in der Weihnachtsbäckerei geeignet macht. Nelken können auch Teil des Currypulvers sein und sind in den Nelkenzigaretten enthalten.
Die Gewürznelke, auch *Nägeli* genannt, hat ihren Namen deswegen erhalten, weil die Form der Knospen an Nägel erinnert: auf einem langen, schmalen Stiel sitzt eine nagelkopfähnliche Verdickung. Durch ihr Aroma helfen Nelken, nach den Mahlzeiten gekaut – selbst nach dem Genuss von Knoblauch – gegen Mundgeruch. Die chinesischen Kaiser der Han-Dynastie um 200 vor bis 200 nach Christus verlangten von ihren Dienern daher, vor der Audienz eine Gewürznelke zu kauen, um nicht von deren Mundgeruch belästigt zu werden. Das ätherische Öl enthält zudem betäubend wirkende Bestandteile, weshalb das Kauen von Gewürznelken als Hausmittel bei Zahnschmerzen empfohlen wird. Den Besuch beim Zahnarzt kann es allerdings nicht ersparen.

::: Die Blüten des Nelkenstrauchs sehen aus wie kleine Nägel.

::: NÄCHSTE DOPPELSEITE LINKS:
Bei der Orange verwendet man Blüten und Schalen zur Duftgewinnung.

::: NÄCHSTE DOPPELSEITE RECHTS:
Die frisch und süß duftende Essenz aus der Schale der Orange findet in der Parfümherstellung Verwendung.

N.324.

6.
1.
2.
3.
4.
5.

Orange

Citrus sinensis, Citrus aurantium

frisch und fruchtig

Die Orange stammt ursprünglich aus China, wird heute aber vor allem auf Sizilien, in Israel sowie in Nord- und Südamerika angebaut. Bereits im 15. Jahrhundert gelangte sie nach Europa, wo man sie später in den Orangerien der Adelshöfe kultivierte. Ihren exklusiven Charakter hat sie inzwischen jedoch verloren – heute ist sie die beliebteste Zitrusfrucht der Welt. Ihre chinesische Herkunft zeigt sich noch in ihrem ebenfalls häufig gebrauchten Namen *Apfelsine*, der für Apfel-Sine, „Apfel aus China", steht.

Das ätherische Orangenöl wird durch Kaltpressung der Schale gewonnen. 250 Kilogramm Schalen ergeben dabei ein Kilogramm Orangenessenz, die für die Parfümherstellung bedeutsam ist. Die Orangenschale findet auch bei der Aromatisierung von Speisen, zum Beispiel Kuchen und Gebäck, Verwendung.

KOKOSÖL MIT ORANGE

Für trockene und spröde Haare

Trockene Haare oder spröde Spitzen lassen sich mit Kokosöl pflegen. Dieses feste Öl schmilzt bei 26 °C, wird also flüssig, sobald man es auf die Hand gibt. Mit den Fingern das Kokosöl auf die trockenen Haarstellen auftragen, sanft einmassieren und einige Zeit, am besten über Nacht, einwirken lassen.

Um den Geruch des Kokosöls zu verfeinern, kann man es mit einigen Tropfen eines ätherischen Öls mischen. Dazu sollte das Kokosöl in einem flüssigen Zustand sein, zum Beispiel an einem warmen Sommertag. Es reicht auch, das Öl für einige Zeit auf die Heizung zu stellen. Besonders gut eignet sich das ätherische Öl der Orange, da sich zusammen mit dem Kokosöl eine angenehm frisch und exotisch duftende Mischung ergibt.

Patchouli

Pogostemon patchouli

erdig-schwer

Die Heimat der Patchouli-Pflanze aus der Familie der Lippenblütler liegt wahrscheinlich in Indien und auf den Philippinen. Heute wird sie außerdem in Indonesien, China und Florida angebaut.

Das ätherische Patchouliöl entsteht aus den getrockneten und fermentierten Blättern des Strauchs durch Wasserdampfdestillation. Es dient als Rohstoff für die Parfümindustrie. Aus etwa vierzig Kilogramm der getrockneten Blätter erhält man ein Kilogramm Öl – die Pflanze ist damit also relativ ergiebig.

Das ätherische Patchouliöl ist dickflüssig und besitzt einen intensiven süßlich-erdigen Geruch, der nur sehr langsam verfliegt.

Patchouli wirkt abschreckend auf Motten und andere Schädlinge. Man kann daher den Kleiderschrank mit Patchouli – vielleicht zusammen mit Lavendel – beduften, um diese fern zu halten. Doch Vorsicht: Auf Grund der Intensität und Beständigkeit des Geruchs ist sein Einsatz nur in Maßen zu empfehlen.

In Asien verwendet man Patchouli auch als Heilkraut, dem unter anderem eine antiseptische und antirheumatische Wirkung zugesprochen wird.

Pfefferminze

Mentha piperita

frisch und minzig

Die heute so beliebte Pfefferminze entstand erst im 17. Jahrhundert – vermutlich spontan als Bastard aus der Wasserminze und der Grünen Minze. Sie ist steril und kann nur durch Ausläufer oder Stecklinge vermehrt werden.

Das herrlich frisch duftende ätherische Pfefferminzöl lässt sich durch Wasserdampfdestillation aus der ganzen Pflanze gewinnen. In der Parfümherstellung spielt es keine tragende Rolle, dafür aber in der Heilkunde, wo man Minzöl vor allem zur Befreiung der Atemwege durch Inhalation einsetzt.

::: Das wohlriechende Minzöl wirkt kühlend und belebend.

Mundspülungen mit Minzöl lindern Mundgeruch. Das so genannte Japanische Heilpflanzenöl wird allerdings nicht aus der Pfefferminze, sondern aus dem Öl ihrer Verwandten, der auch bei uns heimischen Ackerminze, hergestellt.
Dem ätherischen Öl der Pfefferminze wird auch eine kühlende Wirkung zugesprochen. Das ist nicht zuletzt einer der Gründe, warum in heißen, trockenen Ländern, zum Beispiel in Nordafrika, besonders häufig Minztee getrunken wird.

MINZÖL-BAD

Kühlend und erfrischend im Sommer

Auf ein heißes Vollbad je nach Geschmack fünf bis zehn Tropfen Pfefferminzöl geben – wirkt herrlich erfrischend und belebend bei hohen Temperaturen.

Rose

Rosa damascena, Rosa centifolia

blumig und edel

Aus den frischen Blüten der Damaszenerrose oder der Mairose gewinnt man ätherisches Öl durch Wasserdampfdestillation. Rund 5000 Kilogramm Blüten ergeben ein Kilogramm der kostbaren Essenz. Als Nebenprodukt entsteht dabei das Rosenwasser, das für Augenbäder oder als ein mildes Gesichtswasser verwendet werden kann. Es gibt allerdings auch synthetisch hergestelltes Rosenwasser.
Die Blüten eines Rosenstrauchs riechen zu unterschiedlichen Tageszeiten anders. Besonders stark duften sie vor einem Unwetter. Rosenblüten sammelt man daher kurz vor Sonnenaufgang, noch bevor sich die Blüten geöffnet haben, da sie zu dieser Zeit am süßesten riechen.
Bereits in Ägypten badete man in Wasser, das mit Rosenblüten beduftet war. Heute findet der feine, blumige Duft der Rose vor allem in der Parfümindustrie Verwendung. Doch auch zahlreiche süße Speisen werden mit Rosenwasser aromatisiert. Sie gehören noch immer zu den beliebtesten Köstlichkeiten des „Morgenlandes“. Aus Rosenblättern hergestellte Marmelade oder mit Rosen parfümierter türkischer Honig finden dort gerade bei traditionellen Familienfesten ihre besonderen Liebhaber. Synthetisches Rosenwasser ist dafür allerdings ungeeignet.
Das ätherische Öl der Rose wirkt entspannend und kann helfen, depressive Stimmungen zu lindern. Das sanfte Öl ist besonders bei trockener und empfindlicher Haut zur Hautpflege zu empfehlen. Ein Bad in mit Rosenblüten bestreutem Wasser erfüllt so gleich mehrere Zwecke: Es entspannt, pflegt die Haut und bietet mit seinem herrlichen Anblick und Duft ein wahres Fest für die Sinne!

ROSEN-GESICHTSWASSER

Erfrischend und belebend

ZUTATEN:
EINE HANDVOLL GETROCKNETER ROSENBLÜTENBLÄTTER
250 ML WEISSWEIN
5 G ALAUNPULVER

Den Weißwein auf ca. 50° Celsius erhitzen, dann auf die getrockneten Blütenblätter gießen. Die Mischung einen Tag ziehen lassen und anschließend durch ein Sieb abgießen. Ein Drittel des Rosenweines erneut erwärmen, das Alaunpulver darin auflösen und mit dem Rest des Rosenweines gut durchmischen.
Das entstehende Gesichtswasser reinigt und erfrischt die Haut.

Rosenholz

Aniba rosaeodora

rosig-würzig

Zur Familie der Rosenholzgewächse zählt der in den Regenwäldern des Amazonasbeckens und Guayanas beheimatete Rosenholzbaum. Aus den Spanen seines Holzes gewinnt man das ätherische Rosenholzöl, wobei etwa hundert Kilogramm Holz ein Kilogramm ätherisches Öl ergeben.

Schon während der Kolonialzeit wurde der Rosenholzbaum zur Gewinnung des Rosenholzöls genutzt und dadurch stark dezimiert. Durch die weitere Abholzung der Regenwälder ist er inzwischen vom Aussterben bedroht. Es empfiehlt sich daher, auf das ätherische Öl des Linaloe-Holzes auszuweichen, das fast die gleiche Qualität aufweist. Rosenholzöl und seine Ersatzstoffe spielen in der Parfümherstellung eine Rolle. Wegen seines warmen, dunklen Geruchs eignet es sich vorwiegend als Basisnote eines Parfüms.

ROSENHOLZ-MASSAGEÖL

Wohlgeruch zum Entspannen

Der Geruch von Rosenholz wirkt entspannend. Rosenholz- oder Linaloeöl eignen sich daher hervorragend für ein Massageöl. Dazu etwa zehn bis 15 Tropfen ätherisches Öl auf zwei Esslöffel dufttragendes Basisöl, zum Beispiel Jojoba- oder Sonnenblumenöl, geben und vermischen.

Rosmarin

Rosmarinus officinalis

kräftig-krautig

Vor allem im Mittelmeergebiet ist der Rosmarin aus der Familie der Lippenblütler beheimatet und wird dort auch heute noch überwiegend geerntet. Der Strauch verströmt einen angenehm aromatischen Geruch, den bereits die alten Ägypter zu schätzen wussten: Ihren Toten gaben sie Rosmarinzweige in die Hände, um ihnen die Reise in das Land der Toten durch seinen Wohlgeruch angenehmer zu gestalten.

Aus dem blühenden Kraut entsteht mittels Wasserdampfdestillation das ätherische Rosmarinöl. Bereits eines der ersten Parfüms, das *Ungarische Wasser*, das angeblich 1370 für Königin Elisabeth von Ungarn hergestellt wurde, enthielt Rosmarin als wichtigen Bestandteil. Eine Legende berichtet, dass dieses Parfüm der Königin ihre Schönheit bis zum Tod bewahrt habe. Immerhin: Elisabeth wurde noch als über Siebzigjährige vom König von Polen begehrt. Dies mag allerdings auch mit ihrem Besitz und ihrer gesellschaftlichen Stellung verbunden gewesen sein.

Rosmarin spielt noch immer eine Rolle in der Parfüm- und Kosmetikherstellung, zum Beispiel als Bestandteil von *Kölnisch Wasser*. Bekannter ist er aber inzwischen als Küchengewürz, vor allem zu Fleischgerichten, zu denen sein Aroma wunderbar passt. Man sollte ihn aber beim Kochen besser in ein Säckchen geben, um die holzigen Stiele vor dem Verzehr entfernen zu können.

Eine gewisse Bedeutung kommt ihm zudem in der Heilkunde zu. Rheumasalben und -pflaster bauen auf die durchblutungsfördernde Wirkung des Rosmarins, und auch ein Bad mit Rosmarinöl soll den Kreislauf anregen – es sollte daher vorwiegend morgens als Muntermacher und nicht bei zu hohem Blutdruck genossen werden.

Salbei

Salvia officinalis

krautig-herb

Der so genannte Echte Salbei, aus Südeuropa und Vorderasien stammend, hat sich schon lange in Mitteleuropa ausgebreitet. Sein Name kommt von lateinisch salvare, „heilen", und weist bereits auf die Heilwirkung der Gewürzpflanze hin. Vor allem in der italienischen Küche wird Salbei gerne zu Fleischgerichten verwendet. In der Heilkunde findet man ihn als Hustenmittel, zum Beispiel in Form von Bonbons. Das ätherische Öl des Salbeis wird durch Wasserdampfdestillation gewonnen und vorwiegend als Duftstoff in der Seifenproduktion eingesetzt.

::: NÄCHSTE DOPPELSEITE LINKS: Rosmarin war ein wichtiger Bestandteil des Ungarischen Wassers, des wohl ersten richtigen Parfüms.

::: NÄCHSTE DOPPELSEITE RECHTS: Salbei verwendet man meist als Gewürz, aber auch als Duftstoff in der Seifenindustrie.

des miltzs vnnd der vergifften glider ge-
schmiert.

Serapinum gerochen / ist gůt widder C
vffstossung der můtter.

Sandelholtz.

Sandalum.

Sandalum album, Rubeum, Citrinum.

Sandelholtz weiß.
Rot / geele.

Diß holtz ist dreierhandt / weiß / rot / citrin farb / das ists best.

Der citrin vnd der rot / sind kalt am dritten grad / vnnd trucken im anderen grad.

Der weiß ist kalt vnd trucken im ande-

Sandelholz

Santalum album

süß und holzig

Aus dem zerkleinerten Holz des weißen und gelben Sandelholzbaums destilliert man mit Hilfe von Wasserdampf das wohlriechende ätherische Öl. Für diesen mehrere Tage andauernden Prozess benötigt man etwa zwanzig Kilogramm für die Gewinnung von einem Kilogramm Öl. Sandelholzöl bildet sich erst in Bäumen, die mehr als 25 Jahre alt sind. Wegen seines Wohlgeruchs verwendet man Sandelholz vorwiegend zur Parfümherstellung und als Räuchermittel. Sein Duft hält lange an und muss stark verdünnt werden, um als angenehm empfunden zu werden. In seiner asiatischen Heimat nutzt man Sandelholz auch für Möbel. Diese haben den Vorteil, dass sie wegen des darin enthaltenen ätherischen Öls kaum von Holzwürmern befallen werden.
Sandelholzöl soll sich bei trockener und entzündeter Haut sowie bei Akne lindernd auswirken.

SANDELHOLZ-HAUTÖL

feuchtigkeitsspendend

ZUTATEN:
25 MILLILITER MANDELÖL
5 MILLILITER AVOCADOÖL
12 TROPFEN ÄTHERISCHES SANDELHOLZÖL

Die Zutaten gründlich vermischen und vorsichtig auf die Haut auftragen. Um eine gute Wirkung zu erzielen, das Öl am besten über Nacht einwirken lassen.

::: Sandelholz wird schon seit Jahrtausenden wegen seines Duftes geschätzt.

Styrax

Liquidambar orientalis

balsamisch-süß

Styrax gewinnt man aus dem Harz des Baumes *Liquadambar orientalis*, auch Storaxbaum genannt. Ähnlich wie beim Weihrauch schneidet man den Baum dazu an und sammelt die austretende Flüssigkeit. Diese wird anschließend durch Destillation veredelt. Das ätherische Öl gewinnt man durch Alkoholextraktion des Harzes mit anschließender Destillation. Bereits in der Antike nutzte man Styrax wegen seines Wohlgeruchs als Räucherwerk für kultische Zwecke. Er wurde dabei meist mit dem Begriff Balsam bezeichnet und spielte neben Weihrauch und Myrrhe eine zentrale Rolle im alltäglichen und religiösen Leben.
Wie Myrrhe wird Styrax reinigende und wundheilende Wirkung zugesprochen. Größere Bedeutung kommt seinem ätherischen Öl heute aber bei der Parfümherstellung zu, in der es seit alters verwendet wird.

Thymian

Thymus vulgaris

würzig-herb

Ursprünglich aus dem Mittelmeerraum stammend, findet sich der Thymian heute in ganz Europa. Aus dem blühenden Kraut der Pflanze, die auch die Namen *Gartenthymian*, *Römischer Thymian* oder *Hühnerkohl* trägt, stellt man das ätherische Thymianöl her. Man unterscheidet zwischen rotem und weißem Thymianöl, wobei das seltenere weiße Thymianöl sanfter wirkt.
Thymian findet als Gewürz und als Öl vielfältige Anwendung. Als Gewürz in Speisen fördert er die Verdauung, als Mundwasser oder Gurgelmittel hilft er gegen Zahnfleischentzündung. Er ist zudem in zahlreichen Hustenmitteln enthalten, da er leicht antibakteriell und hustenreizstillend wirkt. Ähnliche Wirkung kann auch das ätherische Öl besitzen, wenn man etwa zwei Tropfen davon mit 100 Milliliter Pflanzenöl verdünnt und die Brust damit einreibt.

Bereits bei den Griechen spielte Thymian eine Rolle als Räuchermittel, wobei das Einatmen des Rauchs zu Halluzinationen führen kann. Thymianbäder sollen sich aphrodisierend auswirken – eine Wirkung, die offenbar schon die Römer zu schätzen wussten.
In der Parfümherstellung findet Thymian in kleinen Mengen Verwendung in verschiedenen Eaux de Cologne und beispielsweise bei Seifen.

Vanille

Vanilla planifolia

süß und sinnlich

Die Vanille ist eine Orchideenart, aus deren Kapselfrüchten, im Volksmund auch als Schoten bezeichnet, durch Fermentation unsere Gewürzvanille hergestellt wird. Nach Safran ist sie heute das teuerste Gewürz und wird daher oft durch synthetisch hergestelltes Vanillin ersetzt. Besonders viel Aroma und ätherisches Öl enthält die ölige Flüssigkeit in der Schote, aber auch die Schote selbst.
Vanille diente schon den Inka und Azteken zur Aromatisierung von Schokolade. Letzteren war sie unter dem Namen *schwarze Blume* bekannt. Vor allem für Süßspeisen und bei der Weihnachtsbäckerei, zum Beispiel bei den *Vanillekipferln*, wird Vanille eingesetzt. In Europa ist besonders die Bourbon-Vanille sehr beliebt, die ihren Namen von der *Isle Bourbon*, heute La Réunion, hat.
Vanille spielt auch in der Parfümherstellung eine Rolle, wo sie eine süße, sinnliche Note verleiht.

Veilchen

Viola odorata

blumig-süß

Durch Mazeration der frischen Blüten des Wohlriechenden Veilchens, auch Märzveilchen genannt, gewinnt man das ätherische Öl der Pflanze. Ähnlich riecht das aus der Wurzel der Veilcheniris gewonnene Öl, durch das es oftmals ersetzt wird. Eine wichtige Rolle spielen inzwischen auch die Blätter – nicht die Blüten – des Veilchens in der Parfümerie, seitdem man im 19. Jahrhundert entdeckte, dass sich aus ihnen ein angenehm frischer Duft erzeugen lässt, der an Gurken erinnert. Heute wird oftmals synthetisch hergestellter Veilchenduft, beispielsweise in den Veilchenpastillen, verwendet. Auch in der Küche findet das Wohlriechende Veilchen seine Liebhaber: Man nutzt seinen Wohlgeruch und -geschmack für Suppen, frische Salate und Desserts; in kandierter Form dient es der Dekoration von Torten und Gebäck.
Auf Grund seines Duftes galt das Märzveilchen den Griechen als die Blume der Liebe. Es steht zudem für Bescheidenheit und wurde bereits im Mittelalter als erste Frühlingsblume vielerorts mit einem Fest begrüßt.

Weihrauch

Boswellia sacra und andere Boswellia-Arten

balsamisch-holzig

Die harzreiche Weihrauchpflanze aus der Familie der Balsambaumgewächse wächst vorwiegend in Trockengebieten in Afrika, Arabien und Indien. Weihrauchöl wird durch Extraktion und anschließende Wasserdampfdestillation aus dem Harz der Pflanze gewonnen. Etwa zwanzig Kilogramm Harz – die Ernte von zwei bis vier Bäumen – ergeben ein Kilogramm ätherisches Öl. Weihrauchöl findet in der Parfümindustrie Verwendung.
Größere Bedeutung kommt dem Weihrauch, dem Rauch, der sich beim Verbrennen des Harzes entwickelt, nach wie vor als Bestandteil der katholischen Messe zu. Er symbolisiert in diesem Zusammenhang die Gegenwart Gottes. Seiner Rolle in der Messe, die sich wohl bis auf das tägliche Rauchopfer der Israeliten im Tempel zurückführen lässt, verdankt er auch seinen Namen, „geweihter Rauch".
Die Ägypter verwendeten Weihrauch zur Mumifizierung ihrer Toten und nannten seine Harzperlen den *Schweiß der Götter*. Römische Kaiser ließen sich oftmals Gefäße mit Weihrauch vorantragen, was sowohl ihrer Huldigung als auch dem

::: Thymianöl besitzt eine leicht antibakterielle Wirkung.
::: NÄCHSTE DOPPELSEITE LINKS: Die süß duftende Vanille ist eine Orchideenart.
::: NÄCHSTE DOPPELSEITE RECHTS: Die Blätter und Blüten des Veilchens werden zur Parfümherstellung genutzt.

a
2
1
a
a
1
a
a
3
d
a
b
b
c
b
c
b
1
d
4
b
4
7
7
6
5
8

b
c
d
e
l
i
h
k

r nitt
n / an
darin
rad /
t ist /
hol /
chet
haut
/ leu-
sich
den /
t ist /
/ der
rafft

ber alle ding so blendet vnd dunckelet er
das gesicht vñ die augen der vm̃stehende.

Weiß Weirauch.

Olibanus. Olibanum.
Thus album. Gummi Libani.
Incensum album. Weirauch.

OLibanum ist ein gummi / so mans vff kolen leget reucht es vast wol / gůt genützt zu den wunden / wann es zeucht die zusamen / also daß mann die nit hefften darff / vñ laßt kein faul fleysch wachsen in den wunden. D

Vertreiben des in den Straßen herrschenden Gestanks diente. In der Naturheilkunde verwendete man Weihrauch zur Linderung von Entzündungen, zum Beispiel bei rheumatischen Erkrankungen.

Ylang-Ylang

Cananga odorata

blumig-schwer

Ylang-Ylang ist ein immergrüner Baum, der in tropischen Gebieten – unter anderem auf den Philippinen, Madagaskar und Haiti – wächst. Aus den frischen, stark duftenden gelblich-weißen Blüten wird durch Wasserdampfdestillation und anschließende Destillation das ätherische Ylang-Ylang-Öl hergestellt. Der Name der Pflanze bedeutet auf malayisch *Blume der Blumen*, manche nennen sie jedoch auch *Jasmin der Armen*, da ihr Öl nicht so kostbar ist wie das des Jasmins, ihr Duft aber an diesen erinnert.

Ylang-Ylang-Öl findet vor allem Anwendung in der Parfümindustrie, wo es meist in hochwertigen Parfüms als sinnliche Note eingesetzt wird. Als besonders wohltuend ist ein Bad mit Ylang-Ylang-Öl zu empfehlen, eventuell zusammen mit Rose, Jasmin oder Sandelholz. Das Holz des Baumes wird auch zur Herstellung von Möbeln verwendet.

Zeder

Cedrus atlantica, Cedrus deodara

warm und holzig

Aus dem zerkleinerten Holz der Atlas- oder der Himalajazeder aus der Familie der Kieferngewächse erhält man durch Wasserdampfdestillation das ätherische Zedernöl. Sehr häufig stammt die als Zedernöl bezeichnete Essenz aber von der Virginia-Zeder, die eine Wacholderart ist und – wie der Name bereits vermuten lässt – in Nordamerika heimisch ist. Hier gewinnt man das Öl meist aus Holzabfällen und Sägespänen.

Zedernholzöl wird gern bei Bronchitis angewandt, da es schleimlösende Wirkung hat. In der Parfüm- und Kosmetikherstellung verleiht es eine warme, angenehm holzige Note und ist oft duftender Bestandteil von Seifen, zumal es offenbar eine beruhigende und reinigende Wirkung auf die Haut ausübt. Aufgrund seines hohen Anteils an ätherischem Öl wirkt Zedernholz insektenabwehrend. So wird es beispielsweise gerne für Möbel oder Kleiderbügel zum Schutz vor Motten verwendet. Der für Insekten unangenehme Geruch erneuert sich, wenn man das Holz leicht anschleift.

ZUM SCHUTZ VOR INSEKTEN

Zedernholzöl in einer Duftlampe oder in einem Schälchen verdampfen lassen, je nach Geschmack mit Lemongras- oder Pfefferminzöl kombiniert. Der Duft wirkt für Insekten unangenehm und hält sie fern. Ausreichend verdünnt, kann man sich auch ein Insekten abwehrendes Hautöl aus Zedernholzöl bereiten.

Zimt

Cinnamomum verum

würzig-süß, weihnachtlich

Der Anblick der kurzen, braunen Zimtstangen oder des gemahlenen Zimts ist uns aus dem Gewürzregal vertraut. Die Stangen werden aus der Innenschicht der Rinde des Ceylon-Zimtbaumes gewonnen und finden vor allem bei Süßspeisen, in der Weihnachtsbäckerei und im Glühwein Anwendung. Den Wohlgeruch und -geschmack von Zimt nutzten bereits die Römer.

Auch im Mittelalter war Zimt bekannt, man verwendete ihn in großen Mengen, um Reichtum zu demonstrieren, da er als ausgesprochen kostbar galt. Im Rotwelschen, einer Gaunersprache, wurde der Begriff *Zimt* sogar synonym für *Gold* gebraucht. Da man Gold aber oftmals durch Beimengungen anderer Metalle streckte, kann *Zimt machen* auch für Fälschen stehen. Der reiche Nürnberger Kaufmann Anton Fugger soll

::: Hohen geistlichen und weltlichen Würdenträgern huldigte man durch Verbrennen von Weihrauch.
::: NÄCHSTE DOPPELSEITE LINKS: Zedernholz schätzen die Menschen seit Jahrtausenden wegen seines angenehmen Geruchs.
::: NÄCHSTE DOPPELSEITE RECHTS: Zimt spielt als Gewürz und als Duftstoff eine wichtige Rolle. Er duftet angenehm warm und exotisch.

354.

1.
2.
3.
4.
5.

1530 die Schuldscheine Kaiser Karls V. vor dessen Augen in einem Feuer aus Zimtstangen verbrannt haben, um dem Kaiser drastisch seinen eigenen Reichtum vor Augen zu führen. Lange Zeit beherrschten die Araber den Gewürzhandel. Um dieses Monopol nicht zu verlieren, setzten sie Gerüchte in die Welt, wie gefährlich es sei, an die Gewürze heranzukommen. So glaubte man lange Zeit, Zimt fände man in den Nestern großer, gefährlicher Vögel. Um den Zimt zu bekommen, müsse man große Fleischstücke als Köder auslegen. Die Vögel trügen diese dann in ihre Nester, die unter dem Gewicht zusammenbrächen. So könne man an den wertvollen Zimt gelangen.

Auch das ätherische Zimtöl besitzt eine gewisse Bedeutung. Es wird entweder aus den Blättern oder der Rinde des Zimt-Baumes durch Wasserdampfdestillation gewonnen, wobei das erstere etwas milder ist. Sein Duft weckt weihnachtliche Gefühle und Erinnerungen, und es dient der Aromatisierung von Likören. In der Parfümherstellung nutzt man seinen Wohlgeruch gern für orientalische und exotische Noten.

Zitrone

Citrus Limon

frisch und fruchtig

Ursprünglich aus Südostasien stammend, wird der Zitronenbaum heute unter anderem auch in Spanien, Italien, Israel und Kalifornien angebaut. Seine Frucht gilt als besonders reich an Vitamin C. Aus den Schalen erhält man durch Kaltpressung das ätherische Öl. 200 Kilogramm Schalen ergeben dabei etwa ein Kilogramm Zitronenöl.

Der erfrischende Duft der Zitrone wird gerne für Parfüms, Raumbedufter, Seifen und Kosmetika genutzt, während die abgeriebene Schale unbehandelter Zitronen beim Backen Anwendung findet. Am bekanntesten ist jedoch der gesüßte Saft der Zitrone, stellt man doch *das* Erfrischungsgetränk schlechthin aus ihm her: die Zitronenlimonade!

::: Das ätherische Öl der Zitrone gewinnt man durch Kaltpressung der Schalen.

Der Geruchssinn

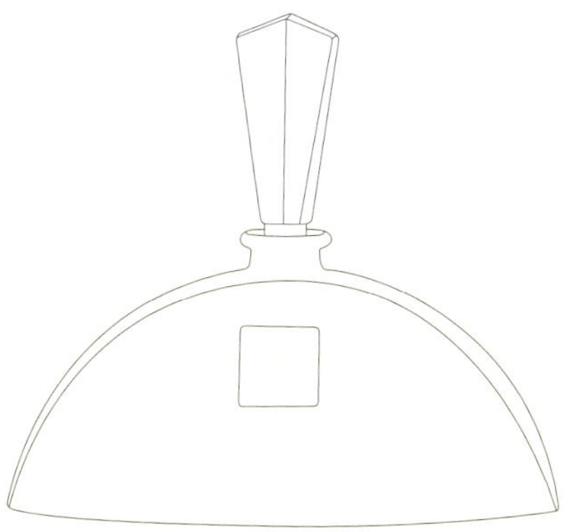

::: Geruch ist die unbestimmteste unserer Sinneswahrnehmungen.

Fast alle Gegenstände und Lebewesen besitzen einen eigenen, unverwechselbaren Geruch, mit dem sie sich ihrer Umgebung mitteilen, also unbewusst etwas von sich selbst preisgeben. Meist allerdings ist unsere Nase zu schlecht, um diese feinen Nuancen wahrzunehmen. Für die deutlich feinere Nase eines Hundes stellt sich die Welt allerdings ganz anders dar.

Wie entstehen Gerüche?

Der Geruchssinn, auch *olfaktorischer Sinn* genannt, ist neben dem Gehör-, dem Gesichts-, dem Geschmacks- und dem Tastsinn einer der fünf zentralen menschlichen Sinne. Die Geruchsrezeptoren befinden sich auf der Riechschleimhaut in der inneren Nase. Geruch und Geschmack beeinflussen sich gegenseitig, da Mund- und Nasenraum miteinander verbunden sind.

Gerüche entstehen, wenn sich feine Partikel, also Moleküle, von Gegenständen oder Lebewesen lösen und mit Hilfe unseres Geruchssinns aufgenommen werden. Treffen die Duftstoffmoleküle dann auf die etwa zwanzig Millionen Riechzellen in unserer Nase, wird diese Information durch einen elektrischen Impuls an das Gehirn weitergeleitet. Der Geruchssinn ist der direkteste unserer Sinne, da bei ihm als einzigem das Zentralnervensystem durch die Riechzellen in unmittelbaren Kontakt mit der Umwelt tritt. Jede Riechzelle spricht nur auf einen ganz bestimmten Duftstoff an. Beim Menschen gibt es davon „nur" rund 350 unterschiedliche, bei Hunden beispielsweise über 1200, was deren „feinere Nase" erklärt.

Im Gehirn – genauer gesagt im Riechhirn, der Hirnanhangdrüse, der Hirnrinde und dem so genannten Limbischen System – entsteht ein Geruchseindruck. Der genaue Vorgang ist wissenschaftlich noch immer nicht ganz geklärt. Immerhin gelang es aber mit Hilfe radioaktiver Substanzen, ein Bild bestimmter Gerüche sichtbar zu machen.

Im Gehirn wird der Geruch mit bereits bekannten Gerüchen verglichen und zu klassifizieren versucht. Wir riechen also eigentlich mit dem Gehirn. Dort werden die Geruchseindrücke mit anderen Sinneseindrücken zusammengeführt und mit angenehmen und unangenehmen Gefühlen verbunden. Durch das Zusammenspiel aller beteiligten Sinne ergibt sich dann ein vollständiges Bild, das um so klarer wird, je deutlicher die Sinneseindrücke sind und je mehr Sinne beteiligt sind. So ist es zum Beispiel wesentlich einfacher, einen bestimmten Duft zuzuordnen, wenn man gleichzeitig das duftende Objekt – eine Rose oder Kuchen etwa – sieht. Sieht man hingegen einen Apfel, während man in eine Zitrone beißt, so glaubt das Gehirn, tatsächlich einen Apfel zu schmecken.

Im Gehirn werden die Bilder der Gerüche gespeichert, so dass wir auch Jahre später noch Gerüche zuordnen können und mit bestimmten Erinnerungen verbinden. Während nämlich Eindrücke, die wir durch Sehen oder Hören gewinnen, meist nur im Kurzzeitgedächtnis gespeichert werden und erst durch Wiederholung ins Langzeitgedächtnis übergehen, ist dies bei Gerüchen normalerweise direkt der Fall. Oft sind die gespeicherten Gerüche dann mit positiven oder negativen Empfindungen verknüpft, die wir beim erneuten Riechen eines bestimmten Geruchs nicht immer gleich zuordnen können. So empfinden wir den Geruch eines Parfüms vielleicht als angenehm, weil damit die Erinnerung an eine besonders gern gemochte Person aus der Kindheit verbunden ist.

Gerüche sind flüchtig und werden von jeder Person anders wahrgenommen. Dies bewirkt, dass sich sehr schlecht über Gerüche sprechen lässt, da es keine eindeutige Möglichkeit gibt, sie in bestimmte Kategorien einzuordnen. Sie sind dadurch die wahrscheinlich Unbestimmteste unserer Sinneswahrnehmungen.

DUFTKINO

Die direkte Wirkung von Gerüchen auf das Gehirn, ihre Verbindung zu Gefühlen und ihr gutes Zusammenspiel mit anderen Sinneseindrücken nutzen auch die verschiedenen Ideen für Duftkino. Diese Form des Kinos setzt Gerüche ein, die den auf der Leinwand gezeigten Szenen entsprechen. Wird zum Beispiel einer Dame auf der Filmleinwand ein Strauß Rosen überreicht, so duftet es im Kinosaal nach Rosen.

Die Idee selbst ist eine alte: Aldous Huxley beschrieb sie schon 1932 in seiner düsteren Zukunftsvision „Schöne neue Welt" („Brave New World"). Dort besuchen die Menschen so genannte *feelies*, also „Fühlkinos", die auch mit Gerüchen arbeiten.

Bereits 1940 wurde der Schweizer Spielfilm „My Dream" vorgeführt, dessen Titel der Name eines damals bekannten Parfüms war. Der Inhalt des Films war besonders darauf zugeschnitten, den Zuschauer mit möglichst vielen unterschiedlichen Gerüchen beduften zu können. Er nutzte die Methode des *Odorated Talking Pictures*, der allerdings wenig Erfolg beschieden war: Die einzige Filmrolle und der Prototyp der Beduftungsmaschine wurden nach der Vorstellung wegen Patentstreitigkeiten konfisziert und nie zurückgegeben.

Seit dieser Zeit gab es immer wieder Versuche, ein Duftkino einzuführen. Sie hießen *AromaRama*, *Smell-O-Vision* oder *Odorama* und funktionierten mit den unterschiedlichsten Methoden. Das Odorama beispielsweise wurde vom amerikanischen Filmemacher John Waters 1981 in seinem Film „Polyester" verwendet. Es nutzt Rubbelkärtchen, die mit bestimmten Filmszenen korrespondieren.

Jüngst startet das so genannte 5D-Kino einen neuen Versuch, die Idee eines Duftkinos durchzusetzen.

::: Den Duft der Rose liebten Menschen zu allen Zeiten.

Warum riechen wir?

Entwicklungsgeschichtlich gesehen stammt der Geruchssinn aus der Zeit, als die frühen Lebewesen noch im Meer lebten. Hier diente er der Warnung vor Fressfeinden oder dazu, in der Weite der Meere einen Partner zu finden. Der Geruchssinn unserer Vorfahren ging zurück, als sie die Bäume als Lebensraum für sich eroberten. Hier waren nun eher andere Sinne gefragt, um Feinde, Nahrung oder Artgenossen schon auf große Distanz wahrzunehmen: der Gesichts- und der Gehörsinn. Der Geruchssinn entwickelte sich folglich zurück.

Frauen haben im Regelfall einen besseren Geruchssinn als Männer. Das ist möglicherweise ein Überbleibsel aus einer Zeit, in der ihr Überleben von der Wahl des Partners abhing. So war es beispielsweise sehr wichtig, sich für einen gesunden Partner zu entscheiden und Krankheiten schnell über den Geruch wahrzunehmen.

Wie viele Tiere reagiert auch der Mensch auf *Pheromone*, also Duftstoffe, die der Kommunikation mit Artgenossen dienen. Besonders häufig sollen sie bei dem Finden eines Partners helfen. Während aber bestimmte Insekten der Wirkung dieser Sexuallockstoffe nicht entgehen können und zwingend darauf reagieren müssen, ist es beim Menschen eine freie Willensentscheidung, wie er auf diese Stoffe reagiert. Allerdings gibt es offensichtlich eine Verbindung zwischen Hormonen und Geruchsempfinden: Menschen, die ihren Geruchssinn verloren haben, leiden meist an einer verminderten sexuellen Lust. Die Parfümindustrie versucht immer wieder, die Wechselwirkungen zwischen Duft und Lustgefühlen auszunutzen. Besonders schwere, moschusartige Düfte sollen zum Beispiel sexuell anregend wirken.

Der Geruchssinn beginnt sich bereits wenige Tage nach der Geburt auszubilden. Säuglinge erkennen so schon früh die Brust ihrer Mutter am Geruch. Der Geruchssinn erleichtert uns das (Über-)Leben: Der Geruch einer als angenehm emp-

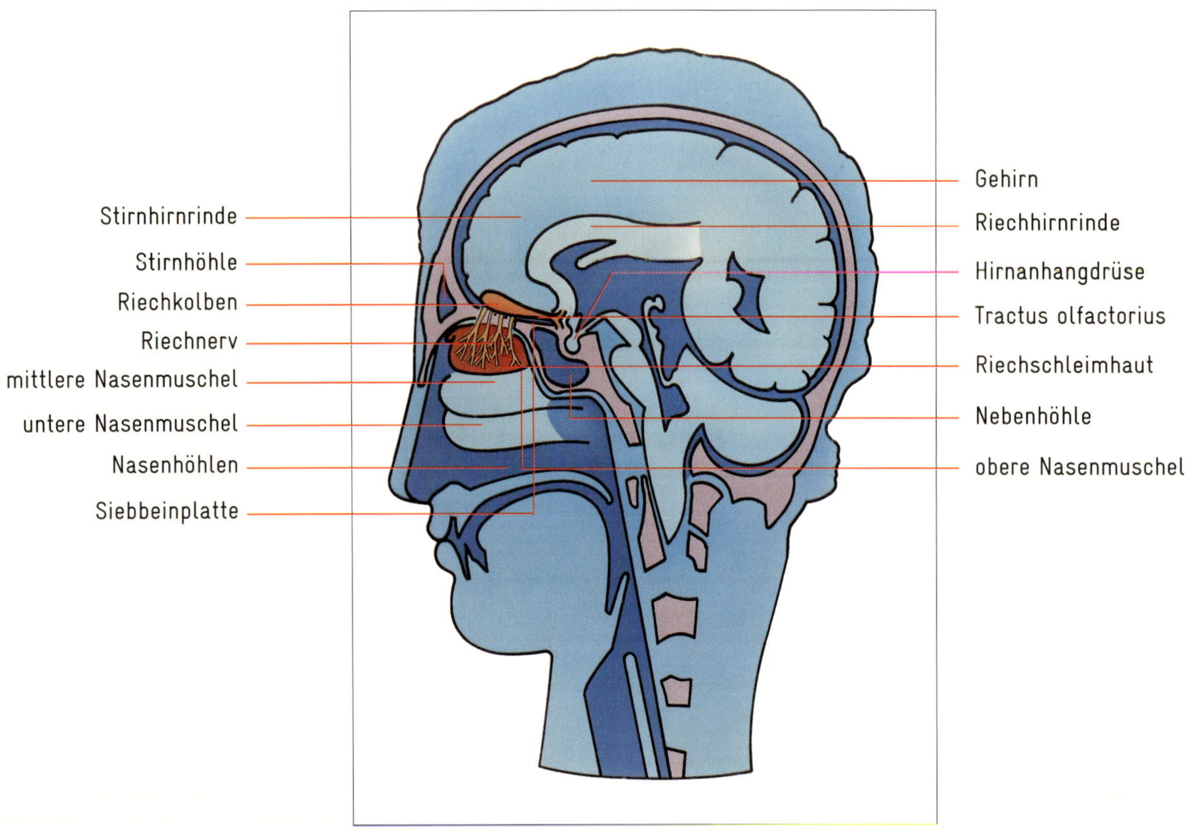

fundenen Mahlzeit regt die Speichelproduktion und die Verdauungssäfte an, bereitet uns also auf den Genuss der Speisen vor. Schlechte Gerüche wiederum warnen uns vor verdorbenen Speisen oder Gefahren, zum Beispiel durch Gas oder Brände.
Bemerkenswert ist vor allem die Fähigkeit des Geruchssinns, andauernde „Hintergrundgerüche" auszublenden. Hält ein Geruch lange an, so nehmen wir ihn nach einer bestimmten Zeit nicht mehr wahr. Erst nach einer Pause, zum Beispiel durch Verlassen des Raumes, wird er als neue Information registriert und erneut überprüft. Damit schützt der Geruchssinn wahrscheinlich sich selbst vor Überlastung, die durch das dauerhafte Bombardement mit einem bestimmten Geruch entstehen könnte.
Ständig prüfen wir unbewusst die Luft um uns herum mit Hilfe unseres Geruchssinns. Nur besonders auffällige Gerüche werden im Gehirn bewusst wahrgenommen, das meiste jedoch läuft unbewusst ab. Diese Wirkung macht sich das moderne Marketing zunutze, indem es viele Konsumartikel extra beduftet, um den Verkauf zu fördern. Oft lassen wir uns dabei von unserer Nase täuschen – wissenschaftlichen Studien zufolge werden Stoffe, die mit Blumenduft parfümiert sind, als weicher empfunden als andere, gleichartige Stoffe, die nicht parfümiert sind.

Mensch und Düfte

Der Mensch ist das einzige Lebewesen, das den Geruch seiner Umgebung und seiner selbst nicht nur wahrnimmt, sondern bewusst gestaltet. Er wählt gezielt als angenehm empfundene Düfte aus und versucht, diese vom duftenden Gegenstand selbst zu trennen, indem er die ätherischen Öle von den nicht duftenden Substanzen löst. Die entstandenen Düfte werden kombiniert, und so entstehen völlig neue Duftkompositionen.
Menschen entscheiden darüber, wie sie selbst auf andere Menschen wirken wollen und wählen dementsprechend einen Duft aus. Dies gelingt ihnen, indem sie sich über die Verbindung zwischen Düften und Gefühlen klar werden und diese für ihre eigenen Zwecke verwenden. Menschen denken auch darüber nach, wie Düfte entstehen und wie man sie beschreiben kann, damit andere Menschen verstehen, welche Gerüche gemeint sind.
Geruchswahrnehmungen gewinnen durch diese Aspekte für sie eine Bedeutung, die weit über ihren ursprünglichen Zweck als Frühwarnsystem hinausgeht – die Welt der Düfte steht ihnen offen zum persönlichen Genuss.

N. 801.
c
b
c
b

Die Komposition von Düften

Schon vor Tausenden von Jahren entdeckte der Mensch, dass sich ätherische Öle von ihren Duftträgern trennen lassen, also zum Beispiel das duftende Rosenöl von der schnell welkenden Blüte der Rose. Bald darauf ging man bereits dazu über, zwei oder mehr der gewonnenen Duftstoffe zu kombinieren, um so neue Düfte zu erzeugen, die es in der Natur nicht gab. Meist waren dies recht einfache Kompositionen – etwa zwei gut zueinander passende Blütendüfte oder verschiedene Räucherharze, die man zu einem Räuchermittel zusammenfügte.
Dies blieb überwiegend bis ins späte Mittelalter so. 1370 soll das *Ungarische Wasser* entstanden sein. Als wohl erstes „richtiges" Parfüm besteht es aus in Alkohol gelösten Duftstoffen – in diesem Fall allerdings nur aus Rosmarinöl und Alkohol.

PARFÜM

Ein *Parfüm* oder auch *Parfum* – nach dem französischen *parfum*, von lat. *per fumum* = „durch den Rauch" – bezeichnet im weiteren Sinne ein Gemisch von Duftstoffen, die in Alkohol oder manchmal auch Jojobaöl gelöst sind. Im engeren Sinne steht es auch für die Produkte mit der höchsten Duftstoffkonzentration in der Parfümindustrie. Diese sind daher meist am teuersten und duften besonders intensiv.

Man unterscheidet folgende Verdünnungen:

Parfum	15 bis 30 Prozent
Eau de Parfum	8 bis 15 Prozent
Eau de Toilette	4 bis 8 Prozent
Eau de Cologne	3 bis 5 Prozent
Splash Cologne	1 bis 3 Prozent

Die Prozentangaben beziehen sich jeweils auf den Gehalt an Duftstoffen.

::: Holunderblüte eignet sich vorwiegend als Basisnote eines Parfüms.
::: NÄCHSTE DOPPELSEITE LINKS: Muskatnuss verleiht einem Parfüm eine würzige Note.
::: NÄCHSTE DOPPELSEITE RECHTS: Zitrusessenzen wie Grapefruit sind beliebte Kopfnoten.

Moderne Parfüms hingegen enthalten eine Vielzahl von Duftstoffen – bis zu achtzig sind es manchmal –, die miteinander ein kompliziertes Duftgefüge eingehen. Auf jeder Haut riecht ein Parfüm anders. Man sollte es daher vor dem

a
b
a
a
a
a
b

Kauf immer auf der eigenen Haut testen und möglichst vorher keine duftende Seife oder Handcreme verwenden. Mit der Zeit ändert sich sein Duft, da es aus schneller und langsamer verfliegenden, aus schweren und leichten Essenzen zusammengesetzt ist. Man unterscheidet zwischen der Kopf-, Herz- und Basisnote eines Parfüms. Seltener sind so genannte *monolithische Parfüms*, die schon beim Auftragen ihren vollen Charakter entfalten und sich nicht weiter verändern.

Die Kopfnote

Besonders bedeutsam für den ersten Eindruck eines Parfüms – und damit auch für die Kaufentscheidung – ist seine Kopfnote. Dafür werden intensive, meist preiswertere Duftstoffe ausgewählt, die allerdings sehr flüchtig sind und bereits in den ersten 15 Minuten verfliegen. Dennoch ist die Kopfnote unverzichtbarer Bestandteil eines Parfüms, der ihm die Vollendung gibt und ein Gegengewicht zur Basisnote bildet.
Beliebte Kopfnoten sind Zitrusessenzen wie Bergamotte, Limette, Zitrone, Orange, Bitterorange, Grapefruit und andere, die aus den Schalen der Zitrusfrüchte gewonnen werden. Dazu kommt Petitgrain, das man aus den Blättern und Zweigen bestimmter Zitruspflanzen, vor allem aus dem Bitterorangenbaum (*Citrus aurantium*) herstellt. Zitrusessenzen duften leicht, frisch und manchmal etwas herb. Weiterhin eine Rolle spielen so genannte grüne Kopfnoten wie Minze, Gurke oder Fichtennadelöl sowie würzige Noten, deren Geruch und Geschmack uns eher aus der Küche vertraut sind. Zu letzteren gehören Pfeffer, Ingwer, Koriander, Muskatnuss und Kardamom. Sie verleihen Parfüms einen würzigen Akzent, wobei manchmal, wie beim Pfeffer, winzigste Mengen dafür genügen. Blumige Kopfnoten wie Lavendel oder Mimose werden ebenso häufig verwendet wie die warmen, leicht holzigen Düfte von Zedern- und Rosenholz.

Die Herznote

Die Herznote ist die für den Träger oder die Trägerin eines Parfüms wichtigste Note. Sie duftet ungefähr drei bis vier Stunden lang, nachdem die Kopfnote bereits verflogen ist. Die Entscheidung, ein Parfüm zu kaufen, sollte man daher am besten nicht sofort nach dem Testen treffen, sondern erst, wenn man das Parfüm etwa dreißig Minuten auf der eigenen Haut getragen hat. Herznoten verleihen einem Parfüm Wärme und vermitteln meist eine gewisse Sinnlichkeit.
Fast alle Herznoten sind Blütendüfte wie Neroli, Jasmin und Ylang-Ylang, wobei auch einige Kräuter- und Gewürznoten wie Muskatellersalbei, Gewürznelke, Liebstöckel oder Zimt verwendet werden. Veilchenblatt-Essenz und Styrax eignen sich ebenfalls hervorragend als Herznote. Besonders wichtig sind die Rosendüfte, zu denen nicht nur die einzelnen Rosenessenzen aus Ägypten, Marokko, Indien oder Bulgarien gehören, sondern auch die Rosengeranie und die Geranie selbst.

::: LINKS: Den würzig duftenden Ingwer verwendet man gerne als Kopfnote.
::: RECHTS: Der würzige Muskatellersalbei.
::: NÄCHSTE DOPPELSEITE LINKS: Geranium ist eine ausgezeichnete Herznote.
::: NÄCHSTE DOPPELSEITE RECHTS: Der blumige Duft der Narzisse eignet sich besonders als Kopf- oder Herznote.

Die Basisnote

Die Basisnote ist die am längsten anhaltende Duftnote eines Parfüms, die auch dann noch wahrzunehmen ist, wenn Kopf- und Herznote nach etwa vier Stunden verflogen sind. Sie ist unverzichtbar für die Parfümherstellung, da sie dafür sorgt, dass auch die anderen Duftnoten langsamer verdunsten und so weniger schnell verfliegen. Basisnoten verankern einen Duft auf der Haut und sorgen so für seine *Fixierung*. Heute verwendet man allerdings gerne zusätzlich chemische Fixative.
Basisnoten sind schwer und werden von vielen Menschen als aufdringlich und zu stark empfunden, wenn sie unvermischt auftreten. Mit der Zeit jedoch ändert sich ihr Charakter, und ihr Geruch wird weicher und angenehmer. Sie verleihen einem Parfüm erst eine gewisse Tiefe und bilden zusammen mit der Kopf- und Herznote im Idealfall ein rundes, stimmiges Ganzes – eine Duftkomposition. Wenn ihre Zeit in der Komposition nach etwa vier Stunden dann gekommen ist, entfalten sie ihre wohlriechende Wirkung manchmal sogar für Tage.
Als Basisnote kommt eine Vielzahl von Duftstoffen in Frage. Wichtig sind unter anderem holzige Düfte wie Sandel-, Zedern- oder Tannenholz und harzige Düfte wie Weihrauch und Myrrhe. Weihrauch lässt sich besonders gut mit blumigen Düften oder Zitrusnoten verbinden. Die erdigen Noten Patchouli und Eichenmoos werden verwendet, außerdem Estragon, Lavendel und Muskatellersalbei sowie Holunderblüte. Auch die tierischen Duftstoffe – Ambra, Zibet, Moschus und Bibergeil – eignen sich vorwiegend als Basisnoten. Abgesehen von Zibet aus den Duftdrüsen der Zibetkatze spielen diese heute in der Parfümindustrie in nicht synthetischer Form nur noch eine geringe Rolle. Der durchdringende Gestank des Zibets verwandelt sich nach der Verdünnung in einen angenehmen Geruch, der mit fast allen anderen Essenzen hervorragend harmoniert. Als weitere Basisnoten kommen noch Schwarztee, Kaffee, Kakao oder Tabak in Frage.
Viele der als Basisnoten verwendeten Duftstoffe gehören zu den ältesten Duftstoffen der Menschheit und sind pur oder kombiniert mit anderen schon seit Jahrtausenden in Gebrauch. Das liegt auch daran, dass sie sich meist relativ einfach durch die wohl älteste Methode der Duftherstellung – die Wasser- oder Wasserdampfdestillation – gewinnen ließen, im Gegensatz zu den zarteren Düften, die man ihren Trägern erst mit Hilfe der kalten oder warmen Enfleurage entlocken musste.

EIGENE PARFÜMS KOMPONIEREN

Zunächst benötigt man ein Lösungsmittel. Das am häufigsten genutzte ist 95-prozentiger Ethylalkohol, der sich vollkommen mit ätherischen Ölen vermischt und sogar Harze wie Weihrauch löst. Man beginnt entweder mit der Kopf- oder der Basisnote. Die meisten erfahrenen Parfümeure fangen mit der Kopfnote an, doch kann das Hinzugeben der intensiven Basisnote den Charakter des Duftes entscheidend verändern, weshalb es manchen Menschen leichter fällt, mit der Basisnote zu beginnen.
Nun heißt es experimentieren. Am besten nutzt man Riechstreifen, um die Gerüche immer wieder mit einer unbeeinflussten Nase wahrnehmen zu können. Als Basisnote für Anfänger eignen sich etwa Benzoe, Estragon, Patchouli oder Vetiver,

::: LINKS: Liebstöckel.
::: RECHTS: Fichtennadelöl wird gerne als Kopfnote in die Duftkomposition eingebaut.

4
4
6
7
2
a
c
d
a
3
c
d
e
f

3
5
4
f
6
e
8
7

als Herznote Geranie, Rose oder Ylang-Ylang. Geeignete Kopfnoten sind Bergamotte, Rosenholz oder Limette.
Am Anfang sollte man sich auf wenige Duftnoten konzentrieren – es genügt schon jeweils eine Kopf-, Herz- und Basisnote. Mit wachsender Erfahrung kann man mit mehr Duftstoffen experimentieren und auch ungewöhnliche Mischungen nach eigenem Geschmack wagen.

Die Nase der Parfümeure

Dem Parfümeur stehen heute etwa 3000 Essenzen und Extrakte aus Blüten, Blättern, Gräsern, Früchten und anderem zur Verfügung. Seine Kunst besteht in der richtigen Auswahl und Kombination dieser Düfte zu einer harmonischen Duftkomposition. Ein guter Parfümeur lässt sich dabei nicht von seinen persönlichen Vorlieben und Abneigungen beeinflussen, denn für fast jeden gut gelungenen Duft lassen sich Liebhaber finden.
Wichtigstes Kapital eines Parfümeurs ist seine gute Nase. Ohne sie könnte er seinen Beruf nicht ausüben. Auf Französisch nennt man einen Parfümeur daher sogar *le nez*, „die Nase". Berühmte Parfümeure lassen gelegentlich ihre Nase versichern, für den Fall, dass ihrer Riechfähigkeit etwas zustoßen sollte. Ein Parfümeur muss auf seine Nase besonders achten. Er sollte daher keinen Alkohol trinken und nicht rauchen, um seine Schleimhäute zu schonen. Das bedeutet auch Einschränkungen im Privatleben, denn der Besuch rauchiger Kneipen beispielsweise sollte vermieden werden, ebenso das Essen von Knoblauch oder das Schneiden von Zwiebeln, da deren intensiver Geruch die Proben der Duftstoffe verfälschen kann.
Etwa fünf Jahre dauert es, bis die Riechfähigkeit eines Parfümeurs voll entwickelt ist. Dann verfügt er auch über ein ausgebildetes Geruchsgedächtnis, das nicht nur die einzelnen Geruchsnoten, sondern auch deren grundlegende Kombinationen, die Akkorde, speichert und bei Bedarf sofort abruft.

::: LINKS: Kakao ist eine eher ungewöhnliche Basisnote.
::: RECHTS: Die Berufsdarstellung eines Parfümeurs mit Bauchladen aus dem 17. Jahrhundert.

DIE SPRACHE DER PARFÜMEURE

Die Kreation eines Parfüms ist ein ähnlich schöpferischer Vorgang wie das Schaffen eines musikalischen Werkes, da auch ein Parfüm aus vielen einzelnen Düften besteht, die sich harmonisch zu einem Gesamtkunstwerk zusammenfügen. Ähnlich wie Duft hat auch Musik eine enge Verbindung zu unserer Gefühlswelt.
Die Sprache der Parfümeure ähnelt daher stark der Sprache der Musik. So spricht man etwa von Duft*noten*, die zu *Akkorden* zusammengefügt werden. Das Ergebnis des Schaffensprozesses sind Duft*kompositionen*. Ende des 19. Jahrhunderts stellte der Parfümeur Charles Piesse sogar eine Duft-*Tonleiter* mit Vanille als tiefstem und Zibet als höchstem Ton zusammen.

Eine allgemein gültige Ausbildung für Parfümeure gab es früher nicht. Viele machten eine Ausbildung bei einem Duftschöpfer oder in einem der Parfüm-Häuser, andere wiederum kamen aus einem Chemiestudium. Eine international anerkannte Ausbildungsstätte für Parfümeure ist heute das ISIPKA in Versailles, das *Institut Supérieur International du Parfum de la Cosmétique et de l'Aromatique Alimentaire*, das für die Kosmetik- und Nahrungsmittelindustrie in der Kunst der Parfümherstellung ausbildet.

Ursprünglich war der Beruf des Parfümeurs eine reine Männerdomäne. Väter gaben ihr Wissen oft direkt an ihre Söhne weiter; für Frauen gab es kaum Möglichkeiten, Fuß zu fassen. Das hat sich jedoch in den letzten Jahren geändert. Heute gibt es etwa gleich viele Frauen wie Männer unter den Parfümeuren.

Ein großer Teil des Arbeitsalltags eines Parfümeurs besteht darin, Fließpapierstreifen in Flüssigkeiten zu tauchen, daran zu schnuppern und sich dabei Notizen zu machen. Auf diese Weise gehen manchmal Jahre ins Land, bevor ein gutes Parfüm kreiert ist. Manchen Parfümeuren gelingen so nur ein oder zwei wirklich große Düfte in ihrem Leben. Andere, billigere Düfte für Seifen, Waschmittel, Kosmetika und ähnliches erfordern natürlich etwas weniger Kompositionsgeschick und sind daher schneller herzustellen. Wichtig bei allen verwendeten Stoffen ist deren gute Hautverträglichkeit.

MARIA MAGDALENA – DIE SCHUTZPATRONIN DER PARFÜMEURE

Maria Magdalena war Teil der engeren Gemeinschaft um Jesus. Man hält sie auch für die namenlose Sünderin, die Jesus als Zeichen ihrer Reue die Füße mit kostbarem Salböl, wahrscheinlich Narde, gesalbt haben soll (Lukas 7, 37f.). Aus diesem Grund wird sie oft mit einem Salbgefäß in den Händen dargestellt und gilt als die Schutzherrin der Parfümeure.

Der Beruf des Parfümeurs erfordert ein hohes Maß an Konzentration – besonders, wenn ein Parfümeur an mehreren Projekten gleichzeitig arbeitet. Parfümeure probieren den Duft, den sie gerade komponieren, gern einmal an sich selbst aus. So lässt sich seine Entwicklung von der Kopf- über die Herz- zur Basisnote im Laufe der Zeit am besten beobachten. Heutzutage ist die Herstellung von Parfüms mit einem Wettbewerb zu vergleichen: Die Kreation neuer Düfte wird zunächst meist innerhalb einer Firma ausgeschrieben. Der Gewinnerduft einer Firma tritt dann gegen die anderer Firmen an – übrig bleibt am Ende nur der eine Siegerduft, alle übrigen werden zumeist verworfen. Bei ihrer schöpferischen Tätigkeit dürfen Parfümeure nie den Preis der Inhaltsstoffe für ein Parfüm aus den Augen verlieren. Manche Duftstoffe sind sehr teuer und werden daher meist nur in kleinen Mengen verwendet – ein Zuviel würde sich sofort auf den Preis des Parfüms niederschlagen, das damit nicht mehr wettbewerbsfähig wäre. Ausnahmen sind Parfüms, die bewusst teure Stoffe enthalten, um die Vorstellung von Luxus zu erwecken.

BERÜHMTE PARFÜMEURE UND IHRE AUFTRAGGEBER

JOHANN MARIA FARINA (1685–1766) – der mutmaßliche Erfinder des *Kölnisch Wassers* (1714).

Die Parfümeure der FAMILIE GUERLAIN seit 1828 – zu ihren Erfolgen zählen *Impériale* (1853), *Jicky* (1889), *L'heure bleue* (1912) und *Shalimar* (1925).

ERNEST BEAUX – berühmt ist vor allem das von ihm kreierte *Chanel No. 5* (1921) – eines der wenigen Parfüms, die sich über einen längeren Zeitraum bis heute erhalten haben.

COCO CHANEL soll den Duft eines „nordischen Morgens am See" im Kopf gehabt haben, als sie Ernest Beaux den Auftrag für ihr erstes Parfüm erteilte.

JEAN-LOUIS SIEUZAC – kreierte zum Beispiel 1977 *Opium* für YVES SAINT-LAURENT.

JEAN GUICHARD – unvergesslich ist vor allem sein schweres Parfüm *Loulou*, das er 1987 für CACHAREL komponierte, und *Poison*, 1985 für DIOR geschaffen.

::: Maria Magdalena wird oft mit einem Salbgefäß dargestellt und gilt als die Schutzherrin der Parfümeure.

LUNDBORG'S
HELIO-VIOLET
SACHET
LUNDBORG'S
VIOLET
SACHET
Lundborg's
EDENIA
New York
Lundborg's
TOILET WATER
VIOLET
New York
Lundborg's
Sachet Powder
New York
LOUIS RHEAD

Parfum ist wie die Liebe. Ein bisschen ist nie genug.
Estée Lauder

Jeder, der schon einmal Parfümwerbung genauer betrachtet hat, weiß: Parfüms sind nicht einfach nur wohlriechende Wässer, mit denen wir uns am Morgen beduften, um für den Rest des Tages angenehm für unsere Mitmenschen zu riechen. Sie sind viel mehr. Jedes Parfüm vermittelt ein ganzes Lebensgefühl – passgenau auf eine bestimmte Zielgruppe zugeschnitten. Mit dem Kauf des Parfüms erwerben wir – vermeintlich – die Eintrittskarte in diese Welt.

Lebensgefühl Duft

Parfümwerbung

Hinter jedem Parfüm steht ein Gesamtkonzept, das nichts dem Zufall überlässt. Die Gestaltung des Flakons und der Verpackung ist genau ausgeklügelt, ebenso die dazugehörige Werbung auf Plakaten und in Zeitschriften, im Fernsehen und im Kino. Bestimmte Themen kehren dabei immer wieder: glückliche Paare, erotische Körper, schöne Männer- und Frauengesichter sowie Detailaufnahmen der Flakons.
Viele Parfümhersteller nutzen bekannte Models oder Filmstars, um ihre Werbebotschaft zu vermitteln. Hier kommt für den Betrachter der Wiedererkennungswert hinzu und der Gedanke, dass beim Kauf des beworbenen Produktes ein wenig von deren Schönheit und Berühmtheit auf ihn abfärben könnte. Die Bildsprache dieser Werbung hat meist nur wenig mit dem Parfüm selbst zu tun. Statt dessen vermittelt sie das Bild einer Erlebniswelt, die dem Betrachter einzigartig und erstrebenswert erscheint. Suggeriert wird, dass auch der Käufer eines Parfüms die Schönheit der Models besitzen und an deren einzigartigem Leben teilhaben kann, dass er nur durch den Kauf eines Parfüms aus seinem eigenen, meist als langweilig empfundenen Leben herausgerissen wird und ein völlig neues Lebensgefühl kennen lernt. Letztlich aber bleibt es doch eine Flasche mit Duftwasser, die man in der Parfümerie erwirbt. Sie kann die Qualität des Lebens zwar nicht völlig verändern, aber immerhin erhöhen.

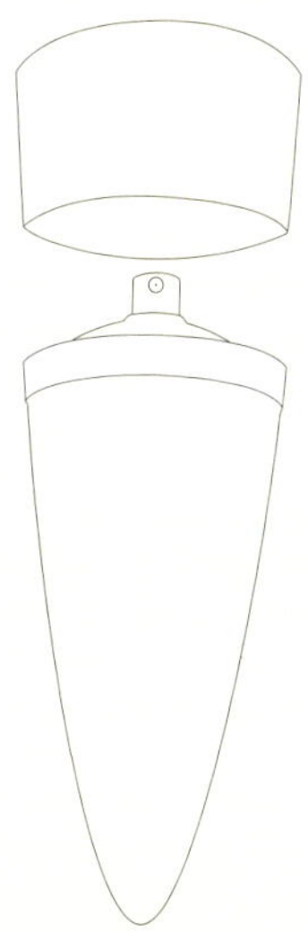

Luxus des Parfüms

Einen großen Teil des Zaubers von Parfüm macht auch die Vorstellung von Luxus aus, die sich damit verbindet. Der berühmte Modedesigner und Parfümhersteller Karl Lagerfeld sagte einmal: *Es gibt keinen Luxus ohne Parfüm.*
Das hat eine lange Tradition und reicht in die Zeit zurück, als bestimmte Duftstoffe sehr kostbar waren, da man sie über große Strecken heranschaffen oder aufwändig herstellen musste. Je wertvoller der dafür benötigte Rohstoff war und je mehr man davon brauchte, um eine bestimmte Menge an Duftstoff zu gewinnen, desto teurer war der daraus hergestellte Duftstoff. So war es dann eine besondere Ehre, wenn ein Gast mit kostbaren Pomaden und Ölen gesalbt wurde, oder wenn man Duftstoffe als Geschenk erhielt. Bestimmte *Absolues* sind auch heute noch sehr teuer und werden nur in kleinen Mengen verwendet.
Einen Teil des Luxus macht sicherlich auch das Ambiente einer Parfümerie aus. Gut gekleidete, wohlriechende Damen beraten die Kunden und verpacken die Parfüms auf Wunsch in wirkungsvolle Geschenkverpackungen. Nicht zuletzt deshalb sind Parfüms noch immer beliebte Geburtstags- und Weihnachtsgeschenke. Letzteres kann auf eine lange Tradition zurückblicken, führten doch bereits die Heiligen Drei Könige die teuren Duftstoffe Weihrauch und Myrrhe als Geschenk für den neugeborenen Jesusknaben und seine Familie mit sich.
Dazu kommen noch die klingenden Namen der Parfümhersteller. Viele sind vor allem als Modedesigner berühmt geworden: Christian Dior, Karl Lagerfeld, Yves Saint-Laurent, Coco Chanel, Calvin Klein ... Schon allein der Klang ihrer Namen erinnert an Laufstege, schöne Models, teure Kleider und Pelze – Luxus pur also.
Auch die Verpackungen und Flakons der Parfüms selbst vermitteln einen kostbaren Eindruck. Zu den bevorzugten Farben gehört Gold, und auch die Parfüms selbst besitzen oft einen warmen Goldton. So entsteht das Bild einer luxuriösen Ästhetik. Auch dies kann auf eine lange Geschichte zurückblicken, denn Parfümverpackungen werden schon seit Jahrtausenden mit besonderer Sorgfalt hergestellt.

::: Das Harz des Weihrauchbaumes.

Kleine Geschichte der Flakons

Düfte hatten früher ein breiteres Anwendungsspektrum als heute. Man nutzte sie für religiöse und medizinische Zwecke sowie zur Körperpflege und -beduftung. So vielfältig wie ihre Verwendungen waren daher auch die Gefäße, in denen man sie aufbewahrte, und die Materialien, aus denen man die Behältnisse herstellte. Seit jeher hat das Auge Einfluss auf das, was wir mit dem Geruchssinn wahrnehmen. Unser erster Eindruck von einem Duft wird daher auch von seiner Verpackung, dem Gefäß, in dem er aufbewahrt wird, bestimmt. Wohl mit aus diesem Grund verwendete man früher wie heute große Mühe und Sorgfalt auf die Gestaltung der Aufbewahrungsgefäße für Duftstoffe. Auch deren Kostbarkeit und religiöse Bedeutung spielten sicherlich eine Rolle.
Die ersten Duftgefäße wurden aus Ton, Metall oder Stein hergestellt. Viele von ihnen hatten die Form bemalter Töpfe und Tiegel, doch darüber hinaus gab es auch Gefäße in Form von Tieren, Köpfen oder Früchten. In Ägypten kannte man unter anderem Salbgefäße aus Alabaster und kleine Parfümgefäße, die zum Mitnehmen gedacht waren. Im antiken Griechenland verwendete man den *Aryballos*, ein bauchiges Ölfläschchen mit einer engen Öffnung, das man mit einem Riemchen am Handgelenk befestigte und bei sich trug.
Glas gab es schon etwa 2000 Jahre vor Christus. Es galt als extrem kostbar und selten. Die berühmte Totenmaske des ägyptischen Pharaos Tutanchamun beispielsweise enthält neben Gold auch Glas.
Im ersten Jahrhundert vor Christus wurde in Syrien dann die *Glasmacherpfeife* erfunden. Mit Hilfe dieses Instruments, das im Prinzip bis heute benutzt wird, konnte man dem bereits bekannten Stoff Glas völlig neue Formen geben. Glas war nun einfacher zu bearbeiten; Glasgefäße konnten in kürzerer Zeit hergestellt werden und wurden dadurch für mehr Menschen erschwinglich. Parfümfläschchen aus Glas, auch *Balsamarien* genannt, wurden nun gerne zur Aufbewahrung der kostbaren Duftstoffe verwendet.
In der arabischen Welt waren besonders blaue Glasfläschchen sehr begehrt. Sie waren meist reich mit Ornamenten verziert, da es im Islam verboten war, lebende Wesen abzubilden.
In Japan gab es verzierte Schächtelchen, in denen man kleine

Dinge wie Medikamente oder Duftstoffe aufbewahrte. Diese so genannten *inros* verband man mit einer Seidenkordel und hängte sie sich mit einer Schnalle an den Kimono.

Im Mittelalter und in der Frühen Neuzeit waren so genannte *Bisamäpfel* gebräuchlich –Kugeln, die sich öffnen ließen und in deren Innerem Riechstoffe und Gewürze untergebracht werden konnten, vor allem Moschus, Styrax, Zimt, Nelke, Narde und Iriswurzel. Man trug sie am Gürtel, an einer Kette oder am Rosenkranz. Große Bedeutung gewann auch seit dem 16. Jahrhundert der *Pomander*, eine Kugel, die meist aus Gold hergestellt war. Durch Betätigen eines Mechanismus auf der Oberseite öffnete sich der Pomander in sechs einzelne Reservoirs, die unten zusammengehalten wurden und aussahen wie die Scheiben einer Orange. Auch ihn trugen Wohlhabende stets bei sich.

Im 18. Jahrhundert wurden in Deutschland Flakons aus Meißner Porzellan sehr modern; in England dagegen zog man Silber vor, oft in Tiergestalt. Diese Porzellan- und Silberflakons waren beliebte Geschenke der Oberschicht. Männer trugen manchmal Spazierstöcke, deren Deckel sich abschrauben ließ. In der Höhlung darunter konnte man Duftstoffe unterbringen.

Seit dem 16. und 17. Jahrhundert spielte Kristallglas ebenfalls eine wichtige Rolle bei der Flakongestaltung. Überhaupt wurde die Glasmacherkunst in dieser Zeit stetig verbessert. Zentrum der Glasmacherkunst war Italien, hier besonders Venedig, wo man das Murano-Glas herstellte. Bekannt ist heute vor allem der Baccaratkristall, der seit der Mitte des 19. Jahrhunderts in dem lothringischen Städtchen Baccarat erzeugt wird. Bis zu diesem Zeitpunkt blieben Parfüms und Flakons ein Produkt, das den Wohlhabenden vorbehalten war.

Dies sollte sich erst im 20. Jahrhundert ändern, als man nach Möglichkeiten suchte, Flakons kostengünstiger herzustellen, um mehr Käufer zu erreichen. Besonders verdient machte sich hier der Schmuckdesigner René Lalique (1860–1945), der die Flakonherstellung in der ersten Hälfte des letzten Jahrhunderts entscheidend prägte und seine Flakons für die meisten Menschen erschwinglich machte.

Kleine Kunstwerke

Geblieben ist nach einer jahrtausendelangen Geschichte der Parfüms und ihrer Flakons noch immer der Hauch von Luxus, der sie umgibt. Parfüm und Flakon sind oft kleine, aufwändig gestaltete Kunstwerke, bei denen Form und Inhalt perfekt harmonieren. Die Flakons sind wunderbar anzusehen und fühlen sich durch die Qualität der verwendeten Materialien angenehm an. Für den Erfolg eines Parfüms ist daher nicht nur die gute Nase des Parfümeurs verantwortlich, sondern auch das Geschick der Designer. Ein Parfüm wird so zu einem Vergnügen für Nase, Augen und Tastsinn gleichermaßen.

⁝⁝⁝ LINKS: Verschiedene Flakons (von links oben nach rechts unten)
Glasflakon (Frankreich, 19. Jahrhundert).
Porzellanflakon (Deutschland, 19. Jahrhundert).
Doppelflakon aus Porzellan in Form einer Urne und eines Hundes (England, 18. Jahrhundert).
Flakon aus Silber und Glas (England, 18. Jahrhundert).
Glasflakon (Frankreich, 18. Jahrhundert).
Flakon aus Meißner Porzellan in Form einer Dame (Deutschland, 18. Jahrhundert)
Flakon aus Glas und Silber (Frankreich, 19. Jahrhundert).
Porzellanflakon (Frankreich, etwa Mitte des 20. Jahrhunderts).
⁝⁝⁝ RECHTS: Ein Glasofen in einer Glashütte.

Fig. 1.
Fig. 2.

Wie kaum eine andere Sinneswahrnehmung wirken Gerüche neben der bewussten Aufnahme auch auf unser Unterbewusstsein. Wir nehmen einen bestimmten Geruch wahr und fühlen uns unmittelbar in unsere Vergangenheit zurückversetzt, an einen Ort und in eine Zeit, die mit besonders angenehmen oder unangenehmen Erinnerungen verknüpft sind. So kann der Geruch eines bestimmten Gewürzes uns ein Gefühl von Geborgenheit vermitteln, ohne dass wir zunächst wissen warum. Erst durch Nachdenken kommen wir manchmal darauf, dass es zum Beispiel dieser Duft war, der in der elterlichen Küche vorherrschte und den wir mit Nähe und Geborgenheit in der Familie verknüpfen.

Die Macht der Düfte

DUFT UND GEFÜHL

Und so erforschte er zu einer Zeit die duftenden Stoffe und die Geheimnisse ihrer Herstellung, destillierte schwer mit Düften beladene Öle und verbrannte wohlriechendes Gummi arabicum. Er stellte fest, dass es keine Stimmung des Geistes gab, die nicht ihr Gegenstück im Leben der Sinne hatte, und machte sich daran, ihre wahren Beziehungen zu entdecken; er fragte sich, was im Weihrauch enthalten war, das einen in mystische Stimmung versetzte, in Ambra, das die Leidenschaften erweckte, in Veilchen, das die Erinnerung an vergangenes Liebesglück wachrief, im Moschus, das das Hirn verwirrte, und im Tschampak, das die Phantasie färbte; und oft versuchte er, eine wahrhafte Psychologie der Düfte auszuarbeiten und die verschiedenen Einwirkungen zu bestimmen – die Einwirkungen süß duftender Wurzeln, wohlriechender, mit Blütenstaub beladener Blumen, aromatischer Balsame und dunkler, stark riechender Hölzer, die des Baldrians, der zum Erbrechen reizt, der Hovenia, die die Menschen zum Wahnsinn treibt, und der Aloe, von der es heißt, sie könne die Melancholie aus der Seele vertreiben.

OSCAR WILDE (1854–1900)
Das Bildnis des Dorian Gray

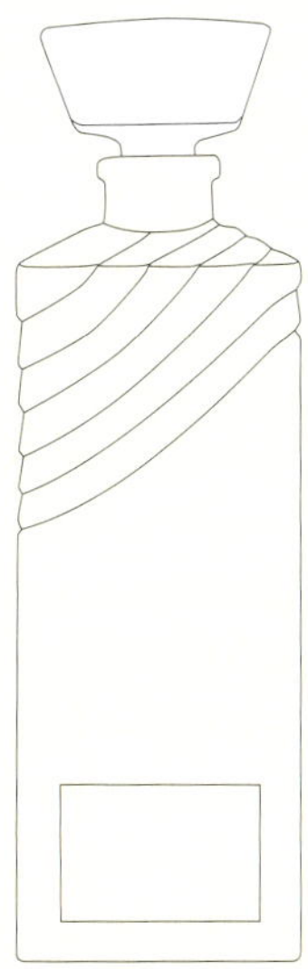

::: Lavendel ist einer der wichtigsten Düfte in der Parfümerie.
::: NÄCHSTE DOPPELSEITE LINKS: Die einfache und die gefüllte Samtrose.
::: NÄCHSTE DOPPELSEITE RECHTS: Die Vanille duftet nicht nur herrlich, sondern bietet auch einen wunderschönen Anblick.

R. 8.
R. 9.

Pl.

Oft jedoch bleiben unsere Empfindungen in Verbindung mit Gerüchen rätselhaft. Das spiegelt sich auch in der Redewendung „jemanden nicht riechen können" wider, mit der wir eine oftmals spontane und unerklärliche Abneigung gegen eine Person zum Ausdruck bringen. Im Gegensatz zu unseren anderen Sinnen, denen wir die weitgehend exakte Übermittlung von Informationen über die Außenwelt zutrauen, haftet dem Geruchssinn also immer etwas Unbestimmtes, nicht Greifbares an. Das liegt darin begründet, dass Geruchsinformationen direkt und ohne Umweg über rational analysierende Hirnregionen an das Limbische System weitergeleitet werden. Dieser Teil des Gehirns dient der Verarbeitung von Gefühlen und steuert das Triebverhalten des Menschen, also zum Beispiel sexuelle Gefühle.

Die Auslösung von Gefühlen, auch sexuellen Wünschen, ist daher stark an Düfte gekoppelt. Diese Wirkung von Düften macht sich der Mensch seit jeher zunutze, indem er durch Parfüms, Duft- und Haarwässer, parfümierte Pastillen oder Körperöle Informationen vermittelt und bestimmte Gefühle auslöst. In Ägypten beispielsweise rieben Frauen ihren Körper mit Zimt ein, um begehrenswert zu duften – und es damit auch zu sein. Hier spiegelt sich auch wider, dass wir meist das gerne essen, was wir gerne riechen, und umgekehrt – daher die vielen Gewürze wie Zimt, Vanille, Rosmarin oder Salbei unter den in der Parfümherstellung und Aromatherapie verwendeten ätherischen Ölen. Diese Funktion des Geruchssinns diente ursprünglich dazu, uns auf eine Mahlzeit vorzubereiten, indem ein angenehmer Duft den Speichelfluss und die Produktion von Magensäften anregt, während ein unangenehmer Geruch davor warnt, diese Speise zu sich zu nehmen.

Den Geruch von Weihrauch hingegen verband und verbindet man unbewusst mit Ehrfurcht – wurde er doch außer in der Kirche vor allem hohen weltlichen und geistlichen Würdenträgern vorangetragen, um diesen die oft unangenehm riechende Stadtluft zu versüßen. Bei der Kaiserkrönung Heinrichs VI. 1191 in Rom verbrannte man tagelang Weihrauch und Gewürze in den Straßen, um den Geruch der Stadt für das große Ereignis erträglich zu machen.

Leser, hast du bisweilen eingesogen,
Mit Wollust dem Genusse hingegeben,
Den Weihrauchduft in einer Kirche schwebend,
Den Duft von einem Moschussäckchen?

O tiefer, zauberischer Reiz, der uns
im Gegenwärt'gen die Vergangenheit erweckt,
So wie der Liebende, über den geliebten Leib geneigt,
Erlesene Blumen der Erinnerung pflückt.

Ihrem geschmeidigen und schweren Haar,
– Ein lebend'ges Duftsäckchen, das den Raum belebt –
Entsteigt ein Duft, wild und raubtierhaft.

Dem Musselin und Samt der Kleider,
Mit Duft der reinen Jugend vollgesogen,
Entströmt der Wohlgeruch von Pelz.

CHARLES BAUDELAIRE (1821–1867)
Der Duft

Düfte vermitteln also immer auch Nebeninformationen über die Person, die diesen Duft verströmt: Jasmin und Rose etwa deuten Sinnlichkeit und Erotik an, Lemongras riecht nach Frische und Sportlichkeit. Moderne Parfüms, die aus mehreren Düften komponiert sind, übermitteln so eine Vielzahl an Informationen und Gefühlen, die man meist nicht in Worte zu fassen vermag. Diese Erkenntnisse nutzt die Parfümwerbung, indem in ihr Bilder, die am ehesten noch dieselbe Informationsvielfalt wie Gerüche vermitteln können, Vorrang vor dem Wort gewinnen. Sie erwecken passend zum jeweiligen Duft den Eindruck, der Träger eines bestimmten Parfüms sei sexuell attraktiv, jung, sportlich oder schön.

Die stimmungsverändernde Wirkung von Duft nutzen auch moderne Verkaufsstrategen: Sie beduften Visitenkarten, Kalender oder Bücher, sie versprühen den Duft eines Neuwagens in einem Gebrauchtwagen und schaffen in Verkaufsräumen oder auf Messen durch Duft eine angenehme, verkaufsfördernde Atmosphäre.

::: Die Veilcheniris.

B

Darüber hinaus können Düfte sogar eine gesundheitsfördernde Wirkung haben, die über die Kraft positiver Erinnerungen hinausgeht, und unser persönliches Wohlbefinden beeinflussen, zum Beispiel im Rahmen der Aromatherapie.

AROMATHERAPIE

Aromatherapie ist die Bezeichnung für die Anwendung von ätherischen Ölen zur Verbesserung der Gesundheit und des Wohlbefindens als Bestandteil der Pflanzenheilkunde, der *Phytotherapie*. Sie kann eine medizinische Therapie nicht ersetzen, diese aber unterstützen. Die positive Wirkung der Aromatherapie beruht zunächst auf der mit dem Geruch verbundenen Sinneswahrnehmung, die Gefühle und Erinnerungen weckt und bestimmte Körperfunktionen anregt.

Die ätherischen Öle werden entweder eingeatmet und durch die Nasenschleimhaut und die Bronchien in das Blut aufgenommen oder durch eine Massage auf die Haut aufgetragen und über diese aufgenommen. Wichtig für den Gebrauch von ätherischen Ölen für die Aromatherapie ist die Verwendung von natürlichen, also nicht synthetisch hergestellten ätherischen Ölen, da nur sie die volle Wirksamkeit besitzen.

Ätherische Öle können allerdings Gifte enthalten, mit denen die Pflanze, zum Beispiel zum Schutz vor Insekten, behandelt wurde. Überdosierungen müssen vermieden werden, besonders bei Kindern und Schwangeren, da einige der stark konzentrierten ätherischen Öle pflanzliche Giftstoffe enthalten oder hautreizend wirken. Bei Beachtung dieser Vorsichtsmaßnahmen können ätherische Öle zweifellos einen positiven Einfluss auf den Körper haben: Lavendel und Rosenholz beispielsweise sollen beruhigend wirken, Orange und Zitrone dagegen frisch und anregend, Rose stimmungsaufhellend. Eukalyptus- und Pfefferminzöl wirken schleimlösend und machen bei Erkältungen die Nase frei – ein Effekt, den man auch bei der Herstellung von Medikamenten und bei der Beduftung von Taschentüchern einsetzt.

Letztlich kann es aber auch schon Aromatherapie sein, sich mit angenehmen Düften zu umgeben und deren positive Wirkung auf das seelische Wohlbefinden zu genießen.

Düfte wecken wie keine anderen Sinnesreize Sehnsucht in uns, sei es nach der Ferne, nach der Vergangenheit oder nach dem Anderen – einer anderen Person oder sogar Gott. Duft, Liebe und Sehnsucht sind daher untrennbar miteinander verbunden, was bereits um 500 vor Christus im biblischen „Hohen Lied" zum Ausdruck kommt:

Wie schön ist deine Liebe, meine Schwester, liebe Braut! Deine Liebe ist lieblicher als Wein, und der Geruch deiner Salben übertrifft alle Gewürze. Von deinen Lippen, meine Braut, träufelt Honigseim. Honig und Milch sind unter deiner Zunge, und der Duft deiner Kleider ist wie der Duft des Libanon.

(HOHESLIED 4, 10–11)

Mein Freund ist weiß und rot, auserkoren unter vielen Tausenden. Sein Haupt ist das reinste Gold, seine Locken sind kraus, schwarz wie ein Rabe. Seine Augen sind wie Tauben an den Wasserbächen, sie baden in Milch und sitzen an reichen Wassern. Seine Wangen sind wie Balsambeete, in denen Gewürzkräuter wachsen. Seine Lippen sind wie Lilien, die von fließender Myrrhe triefen.

(HOHESLIED 5, 10–13)

Die Liebesäpfel geben den Duft, und an unsrer Tür sind lauter edle Früchte, heurige und auch vorjährige: mein Freund, für dich hab ich sie aufbewahrt.

(HOHESLIED 7, 14)

In den mystischen Schriften mittelalterlicher Nonnen wie Mechthild von Magdeburg oder Hildegard von Bingen, die auf Bilder aus dem „Hohen Lied" zurückgreifen, spielt süßer Duft daher oft eine Rolle im Verhältnis zwischen Gott und der ihn liebenden menschlichen Seele und kennzeichnet die Sehnsucht nach seiner Anwesenheit.

Sehnen, Erinnern, Entspannen und Fühlen – letzten Endes vermag es bislang niemand, die genaue Wirkung der Düfte, ihre besondere Macht genau zu benennen. Was bleibt, ist die Unbegreiflichkeit der Düfte – Unbegreiflichkeit in dem Sinne, dass man ihre Wirkung weder richtig verstehen, noch ergreifen oder festhalten kann, denn sie sind so schnell verflogen, wie sie erschienen sind. Am Ende aber ist es genau diese Vergänglichkeit, die sie für uns um so kostbarer macht …

::: Der Duft von Zimtstangen erinnert an Weihnachten.

AUSGEWÄHLTE LITERATUR

AFTEL, MANFRED: DIE KUNST DER ALCHEMISTEN. ALLES ÜBER PARFUM. AUS DEM AMERIKANISCHEN VON GABRIELE HERBST. BERLIN 2004.

BORRMANN, KAI: MOSCHUS IM TINTENFASS. DÜFTE IN DER ISLAMISCHEN LITERATUR. WÜRZBURG 2004.

DÖRING, JÜRGEN (HG.): PARFUM. ÄSTHETIK UND VERFÜHRUNG. MÜNCHEN 2005.

EMSLEY, JOHN: PARFUM, PORTWEIN, PVC ... CHEMIE IM ALLTAG. WEINHEIM 1997.

GIRARD-LAGORGE, SYLVIE: 100 LEGENDÄRE PARFUMS. WIEN 2001.

KNOBLICH, HANS U.A.: MARKETING MIT DUFT. 4., VOLLKOMMEN NEU BEARBEITETE AUFLAGE. MÜNCHEN U. WIEN 2003.

LAUNERT, EDMUND: PARFÜM UND FLAKONS. KOSTBARE GEFÄSSE FÜR ERLESENEN DUFT. MÜNCHEN 1985.

LOHSE-JASPER, RENATE: PARFUM. EINE SINNLICHE KULTURGESCHICHTE. BERLIN 2005.

MESSING, NORBERT: IM GARTEN DER DÜFTE. ABC DER HEILSAMEN AROMEN. ÄTHERISCHE ÖLE – ESSENZEN. IHRE WIRKUNGEN UND ANWENDUNG. BAD SCHÖNBORN 1994.

MORRIS, EDWIN T.: DÜFTE. KULTURGESCHICHTE DES PARFÜMS. SOLOTHURN U. DÜSSELDORF 1993.

NUSSBAUMER, RITA / THEO VOGEL: DÜFTE FÜR KÖRPER UND SEELE. GRUNDLAGEN DER AROMATHERAPIE. WEIL DER STADT 2005.

ROTH, LUTZ / KURT KORMANN: DUFTPFLANZEN, PFLANZENDÜFTE. ÄTHERISCHE ÖLE UND RIECHSTOFFE. LANDSBERG 1996.

SUHR, DIERK: DIE ALCHEMISTEN. GOLDMACHER, HEILER, PHILOSOPHEN. OSTFILDERN 2006.

THORBECKES KLEINE GEWÜRZKUNDE. HERKUNFT UND VERWENDUNG DER GEWÜRZE. OSTFILDERN 2006.

BILDNACHWEIS

DRESSENDÖRFER, WERNER: 16, 50, 70, 75, 89, 92, 93, 94 („KRÄUTERBUCH DER ELIZABETH BLACKWELL"); FINKEN & BUMILLER, STUTTGART: 6, 27, 36, 42, 44, 45, 52, 54, 55, 59, 61, 64, 65, 68, 78, 81, 82, 87, 88, 91, 100, 110; HYGIENEMUSEUM DRESDEN, SAMMLUNG SCHWARZKOPF: 22, 102 (OBEN, 2. V. LINKS); STADTBIBLIOTHEK TRIER: 21, 66, 72, 109 (SIGN.: NF 16 8); UNIVERSITÄTSBIBLIOTHEK EICHSTÄTT: 38, 40 (SIGN. 18 / WL 1060 L 861.573); WÜRTTEMBERGISCHE LANDESBIBLIOTHEK, STUTTGART: 14 (SIGN.: HBF G 6), 28, 104, 107 (SIGN.: NAT. G. FOL. 84); 11, 12, 17, 19, 20, 24, 25 OBEN, 47, 48, 51, 57, 71, 84, 86 (SIGN.: NAT. G. FOL. 122), 33, 34, 39, 58, 74, 76, 106 (SIGN.: NAT. G. FOL. 297), 8 (SIGN.: NAT. G. FOL. 559), 90 (SIGN.: NAT. G. FOL. 841); VERLAGSARCHIV: 13, 25 UNTEN, 26, 30, 31, 32, 95, 96, 98, 102, 103.

WIR DANKEN ALLEN RECHTEINHABERN FÜR DIE FREUNDLICHE GENEHMIGUNG ZUM NACHDRUCK. TROTZ NACHDRÜCKLICHER BEMÜHUNGEN IST ES UNS NICHT GELUNGEN, ALLE RECHTEINHABER ZU ERMITTELN. WIR BITTEN DIESE DAHER UM VERSTÄNDNIS, WENN WIR GEGEBENENFALLS ERST NACHTRÄGLICH EINE ABDRUCKHONORIERUNG VORNEHMEN KÖNNEN.